OLIVIER **MAILLOT**

L'ART DE GÉRER LES CONFLITS

Guide pratique de gestion des conflits

EN FAMILLE / AU TRAVAIL / DANS LA RUE

AMPHORA

Remerciements

Ma reconnaissance va naturellement à mon épouse qui,
à l'aube de mes doutes, m'insuffle motivation et persévérance.
Merci d'être à mes côtés et de m'accompagner dans mes différents projets.

Merci à Guillaume Morel pour son soutien
et sa présence dans la réalisation de ce projet.

Merci à Anne-Véronique Herter, Claire Pardon-Minassian,
Patricia Anglès D'Auriac, Doron Levy, Jean-Pierre Veyrat,
Frédéric Peucheret et Antoine Pennaforte de m'avoir fait confiance
et d'avoir joué le jeu des interviews et témoignages.

Merci à Éric Menestret pour les photos.

Merci à Téofilo-Spencer, Benjamin et Jean-Patrick
d'avoir été présents lorsqu'il le fallait.

Merci également à toutes les personnes qui au cours de nos échanges,
tant formels qu'informels, m'ont permis de m'améliorer
dans la résolution des situations d'opposition.

À mes petits super-héros !

Éditrice Candice Roger
Relectrice Lucia Di Bisceglie
Couverture Thibault Panfili
Photo de couverture jayzynism /AdobeStock
Photos pages 60-61 - Vladimir Mucibabic/AdobeStock
Mise en page AlphaStudio
Imprimé en Europe par
Sagrafic, S. L. – Pasaje Carsi, n° 6 – 08025 BARCELONA

ISBN 978 275 760 435 9

SOMMAIRE

PRÉFACE

Aborder la question épineuse des interactions personnelles à caractère conflictuel dans ce monde en permanente mutation qu'est l'entreprise implique une lecture ciblée et multi-dimensionnelle du phénomène. L'apport d'Olivier Maillot en la matière, basé sur une forte et riche expérience « terrain », a une grande valeur ajoutée.

En effet, son approche méthodique de la question via une analyse des risques pragmatique, propose de nombreuses solutions concrètes et adaptées à de multiples situations d'urgence comme : les mouvements de foule, les incivilités, les agressions verbales et enfin l'agression physique.

Son expertise nous éclaire de façon systématique autour des fondamentaux :

- Les signes précoces du conflit.
- Les compétences individuelles et collectives.
- Les profils à risques et les personnalités.
- Les contraintes juridiques.
- La conduite à tenir et les retours d'expérience.

Que l'on soit manager d'équipe, formateur ou personnel exposé au public, cette démonstration détaillée et argumentée par un vrai professionnel met à la portée de tous des outils et des clés de réussite.

Le focus étant sur le facteur humain, Olivier Maillot insiste aussi avec pertinence sur la nécessité d'organiser en amont une réelle culture de la prise en charge des situations conflictuelles en entreprise.

Bref, une lecture indispensable.

Doron Levy
Expert en gestion de crise et prévention des risques
ofek-consulting.com

INTRODUCTION

Insultes, menaces, paroles blessantes, comportements outranciers, voire excessifs, nous avons tous été parfois auteurs, témoins, victimes d'un conflit ou d'une situation d'agressivité au travail, en famille ou dans la rue. Lorsque nous sommes face à cette situation, comment bien réagir ? Trouver les mots pour canaliser la tension ? Adopter les bons comportements pour rester en sécurité et éviter les « j'aurais dû faire ça ! », « pourquoi je ne lui ai pas dit ça ? », « j'aurais dû répondre ça ! » ?

Les situations conflictuelles ou agressives sont certainement déplaisantes, chronophages, anxiogènes... Nous sommes dans une position inconfortable où la réussite n'est pas garantie. En effet, un conflit nous oblige à nous remettre en question, à prendre des décisions, à trancher, à avancer et, en certains cas, à nous sentir en danger. Nous sommes confrontés au point de vue de l'autre et parfois – souvent – nous entendons des paroles qui nous blessent, nous vexent, nous embrasent ou nous consument.

Oui, mais après ? Nous sentons-nous grandis ? Sommes-nous devenus meilleurs ? Sommes-nous plus confiants vis-à-vis d'éventuelles situations futures ?

Nous croyons qu'un conflit est nécessaire à notre évolution personnelle, car il nous permet de revoir notre position, notre point de vue, notre analyse de la situation, il nous pousse à trouver de nouvelles ressources, une solution, un consensus pour pouvoir résoudre l'opposition. C'est sûrement la raison pour laquelle nous avons une formidable faculté à ne pas vouloir y faire face et à les craindre. Le conflit serait-il ainsi une solution vers une meilleure version de soi et non un problème insurmontable ? Comme l'indique cette maxime qui affirme que la facilité est à priori suspecte et que ce qui est déplaisant est presque toujours vecteur de progrès[1], nous aimons croire que ce soit le cas...

1 • Auteur inconnu.

Mais pour ce faire nous devons comprendre ce qu'il se passe, nous comprendre et nous connaître, pour mieux accepter la situation, l'aborder et l'affronter.

La résolution des conflits est une compétence qui s'apprend, se travaille et se développe. Dans cet esprit, *L'Art de gérer les conflits* vous propose une base méthodologique simple, claire et applicable qui vous fera progresser dans les relations interpersonnelles. Cet ouvrage vous suggère des principes et des outils pour une issue positive en situation de crise. Dans ce sens, il se divise en trois grandes parties :

1 – Dans la première partie, nous traiterons les éléments de genèse d'une situation conflictuelle. Nous mettrons, ainsi, en évidence les notions de facteurs cumulatifs, de charge émotionnelle, d'obstacle, de frustration et les possibilités de dérive vers une situation d'agressivité. Nous aborderons également le phénomène de compensation, de crise, de filtres de perception et de contrôle de soi en situation.

2 – Dans la seconde partie, nous aborderons les modalités de résolution d'une situation conflictuelle. Nous verrons tout d'abord quelques éléments clés sur le comportement observable et l'analyse comportementale, puis nous vous proposerons un référentiel de résolution des conflits et de prise en charge des personnes agressives. Enfin, nous détaillerons la posture à adopter et les phases clés lorsqu'on doit intervenir en « facilitateur » pour soutenir un proche, un collègue ou une personne qui est en situation délicate.

3 – Au cours de la troisième partie, nous nous concentrerons sur l'accompagnement d'une personne qui vient de vivre une situation complexe. Nous travaillerons sur la prise de recul vis-à-vis de l'événement, le choix du moment pour échanger, la rationalisation de la situation et nous vous proposerons des comportements clés à adopter. Nous proposerons aussi une vue d'ensemble

2 – **Je développe mes connaissances pour mieux appréhender l'événement.** Savoir élaborer une stratégie, utiliser les outils adéquats, cela nécessite d'avoir un bagage technique et théorique large et éprouvé. La résolution des conflits n'est pas une thématique simple tant elle doit prendre en considération plusieurs facteurs et domaines de compétences afin d'envisager au mieux les réactions de son interlocuteur. Pour ce faire, vous devez être capable d'allier à la fois des éléments techniques (négociation, médiation, communication...), mais aussi des connaissances en sciences cognitives, sociales et comportementales (analyse transactionnelle, PNL, sophrologie, lecture comportementale...).

3 – **Je transforme mes connaissances en compétences pour mieux gérer la confrontation.** La gestion des crises relationnelles n'est pas innée, cela se travaille et s'expérimente. Votre capacité à garder votre calme, à prendre du recul, à adopter les bons comportements et les gestes utiles déterminera l'issue de la confrontation. Il devient dès lors nécessaire de travailler, de s'entraîner au travers de mises en situation, jeux de rôle, études de cas, groupes de travail et de supervision, afin d'aiguiser son sens de l'intelligence situationnelle et savoir résoudre un conflit.

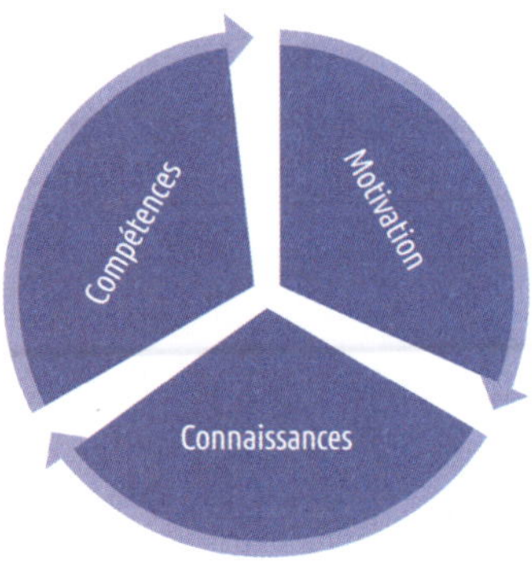

PARTIE I

COMPRENDRE

Connaître les autres relève de l'intelligence.
Se connaître soi-même est la vraie sagesse.
Dominer les autres relève de la force.
Se maîtriser soi-même est le vrai pouvoir.

Lao Tseu

I • COMPRENDRE LES SITUATIONS CONFLICTUELLES ET AGRESSIVES

A • Les origines : problème – conflit – agressivité

Nous parlons régulièrement de problème, de conflit ou d'agressivité, mais savons-nous vraiment les définir ? À quoi correspond chaque terme ? Quelles sont leurs composantes ? Pour mieux réagir au quotidien, il est primordial de définir et mettre des mots en face de chaque situation. Si nous comprenons les éléments de création des oppositions, nous pourrons plus facilement les prévenir, les contenir et les résoudre.

Ainsi, nous vous proposons les définitions des trois mots les plus souvent employés dans le cadre du traitement des oppositions : le problème (j'ai un problème avec), le conflit (il est en conflit avec) et l'agressivité (il a été agressif avec).

▶ **Problème :** il s'agit, d'une part, d'une difficulté qui place quelqu'un dans une situation pénible, contraignante et contrariante, et, d'autre part, d'un point sur lequel on s'interroge, qui ouvre la discussion et qui fait l'objet d'argumentation[3].

La définition du problème renvoie à deux points importants pour la résolution des situations :

1 – Il s'agit d'un élément rationnel, factuel et qui déclenche une perturbation dans la relation.

2 – Il représente un obstacle à l'objectif initial de la personne, ce qui peut être générateur de frustration.

▶ **Conflit :** il s'agit d'une situation d'opposition entre deux personnes, deux groupes ou deux organisations. Chacun est ancré dans sa position initiale et demande à la partie adverse de faire un effort pour mettre fin à l'échange. Un

3 • Source : Larousse.fr.

jeu de pouvoir va s'installer progressivement afin d'atteindre les objectifs fixés. L'élément déclencheur de la situation (le problème) va générer une tension émotionnelle plus ou moins importante au cours du temps, mais la communication reste possible.

Nous retiendrons de cette définition trois composantes majeures :

1 – Il s'agit d'une opposition entre deux parties sur un sujet commun, mais avec un objectif différent pour les antagonistes.

2 – Un jeu de pouvoir peut s'installer pour prendre l'ascendant sur la partie adverse et ainsi atteindre l'objectif fixé.

3 – Une intensité émotionnelle va croître au cours de l'échange, ce qui perturbera la rationalité des discussions.

▶ **Agressivité :** il s'agit d'un comportement guidé par une volonté de nuire à son interlocuteur afin de prendre l'ascendant dans la relation lorsqu'il y a un obstacle au besoin initial. L'agressivité est construite en fonction de différents facteurs qui sont soit liés à l'environnement et à la situation (contexte, localisation, public, température, configuration des locaux, antériorité de la situation...), soit liés à l'individu en crise (personnalité, état psychologique et physiologique, substances psychoactives...). Ces éléments multifactoriels vont amplifier la réaction de la personne et la conduire à une stratégie de défense par compensation et possiblement vers un passage à l'acte violent.

Il convient de retenir de l'agressivité quatre points importants :

1 – La présence de facteurs cumulatifs qui sont liés à l'environnement et à l'individu qui vont amplifier sa réaction.

2 – La frustration d'un besoin face à un obstacle (le problème, par exemple : le « non »).

3 – L'installation d'un jeu de pouvoir et d'une volonté de nuire à l'autre pour obtenir satisfaction.

4 – La mise en place d'une forte intensité émotionnelle qui peut conduire à un passage à l'acte violent.

En synthèse, pour mieux aborder ces situations de tension au quotidien, il convient de retenir ces points :

- Elles ont toutes un élément déclencheur (l'obstacle, le « non », l'impossibilité d'obtenir ce que la personne souhaite).
- Elles ont une intensité émotionnelle variable, en fonction des personnes, de la situation, et qui peut croître en fonction de la prise en charge de l'individu.
- Elles développent un jeu de pouvoir afin d'obtenir un bénéfice.
- Il y a une stratégie de défense et de résistance à l'événement vécu.
- Dans certains cas, il y aura une volonté de nuire à la personne que ce soit par les paroles et/ou par les gestes.

B • Le fonctionnement de notre cerveau et les situations d'alertes

Fort de ce constat, il devient dès lors intéressant de comprendre pourquoi nous réagissons de cette manière et comment cela se traduit d'un point de vue comportemental.

Le neurobiologiste américain Paul D. MacLean a été le premier à développer dans les années 1960 la théorie du cerveau *triunique*. Ce modèle, basé sur la théorie de l'évolution de l'espèce animale[4], nous indique que le cerveau dans sa globalité serait, en fait, composé de trois parties autonomes, indépendantes, mais en relation directe entre elles.

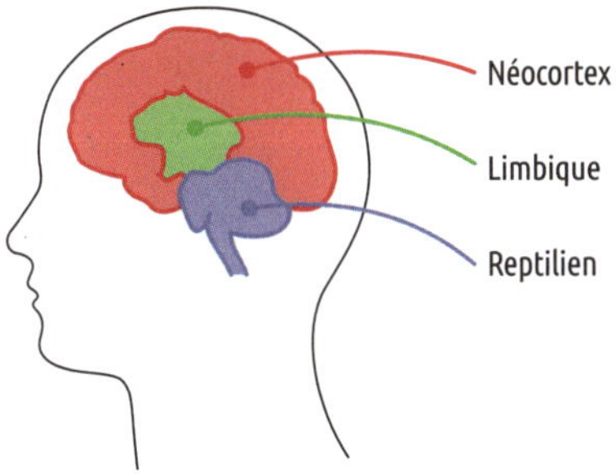

4 • Paul MacLean, Laurent Guyot, *Les trois cerveaux de l'homme*, Robert Laffont, 1990.

▶ **Le néocortex :** il gère les fonctions avancées, comme l'anticipation, l'imagination, les éléments logiques, analytiques et le langage verbalisé.

▶ **Le cerveau limbique :** il est le siège des croyances, du contrôle, de la régulation et de la gestion des émotions. Il permet aussi un accès à la mémoire tant sur les éléments positifs que négatifs.

▶ **Le cerveau reptilien :** il assure la « vie » du corps et gère principalement les fonctions élémentaires, comme manger, boire, dormir, respirer, se reproduire, réguler la température de l'organisme et la fréquence cardiaque. Le cerveau reptilien est également le cœur de l'instinct de survie, des mécanismes de défense et des processus de ritualisation. Il apporte une réponse à l'instant « T » et enclenche des comportements préprogrammés.

Dans le cadre des situations conflictuelles et agressives, le néocortex sera « court-circuité » afin d'enclencher les mécanismes de préservation face à une menace qui porterait atteinte à l'intégrité de la personne. Ce sont le cerveau reptilien et le cerveau limbique qui prendront le relais, car ils permettent de détecter et de gérer les situations de danger de manière plus rapide et plus fiable. La combinaison de ces deux parties de notre cerveau est appelée aussi « cerveau inconscient ».

Le « cerveau inconscient » permet de créer un processus de perception des informations environnementales et situationnelles que Malcolm Gladwell[5] nomme « inconscient d'adaptation » et que l'on connaît plus communément sous l'appellation d'« intuition ». Ses théories, prouvées à de multiples reprises par les sciences cognitives et la neurobiologie, indiquent que notre inconscient capte des milliers de données sensorielles en permanence. Ces dernières sont triées immédiatement et instinctivement pour ne conserver que les données prioritaires.

5 • Malcolm Gladwell, *Le Point de bascule : Comment faire une grande différence avec de très petites choses*, Les Éditions Transcontinental, 2003.

Lorsqu'une information de danger est déclarée, notre « cerveau inconscient » déclenche un mécanisme d'alerte qui propose une réaction immédiate face à l'élément déclencheur (stresseur). Notre organisme arrête alors toute activité intellectuelle et libère des hormones et des neurotransmetteurs (cortisol, vasopressine, ocytocine, adrénaline...) pour préparer l'organisme à faire face à la situation. Cette réaction « stressante » pour notre corps est appelée « Syndrome général d'adaptation (SGA) » par l'endocrinologue hongrois Hans Selye[6], qui a été pionnier des études sur le stress. Le cerveau inconscient propose alors trois comportements réactionnels et universels lors d'une situation stressante :

1 – **La tétanie, l'inhibition :** la personne se fige, ne prend aucune initiative. Elle a la sensation de perdre le contrôle, se tétanise. L'émotion insufflée est la surprise ou la peur. Ce premier comportement renvoie directement au monde animal puisqu'il permet à une proie potentielle de se fondre dans la masse, de passer inaperçue face à un prédateur.

2 – **La fuite :** le cerveau a évalué que l'on était en situation défavorable, qu'il y avait un risque important pour la personne et indique que l'on doit s'échapper, partir loin du danger. L'émotion insufflée est la peur. Il y aura un afflux sanguin prioritaire au niveau des membres inférieurs afin de favoriser la fuite.

3 – **La lutte :** ce comportement favorise la prise d'initiative et prépare le corps à combattre et aller vers le danger. Le cerveau a détecté que l'on était soit acculé et qu'il n'y avait pas d'issue possible autre que le combat, soit en mesure de prendre l'ascendant. L'émotion insufflée est la colère. Les afflux sanguins seront principalement guidés vers les membres supérieurs.

6 • Hans Selye, *Le Stress de la vie. Le problème de l'adaptation*, Gallimard, 1975.

D'un point de vue chronologique, ces différents paramètres nous permettent de construire une courbe avec deux axes. Le premier représente la ligne de temps de l'interaction, le second l'intensité émotionnelle de l'individu. Il convient de noter que cette courbe fonctionne aussi bien pour l'individu en crise (ou *auteur*) que pour la personne qui vit la situation de conflit (ou « *victime* »). Afin de mieux comprendre le déroulé des événements, nous vous proposons une représentation graphique pour l'auteur ainsi que pour la « victime ». En effet, même si certaines phases peuvent être similaires de part et d'autre, des points importants diffèrent principalement pour la « victime ».

▶ Vision *auteur*

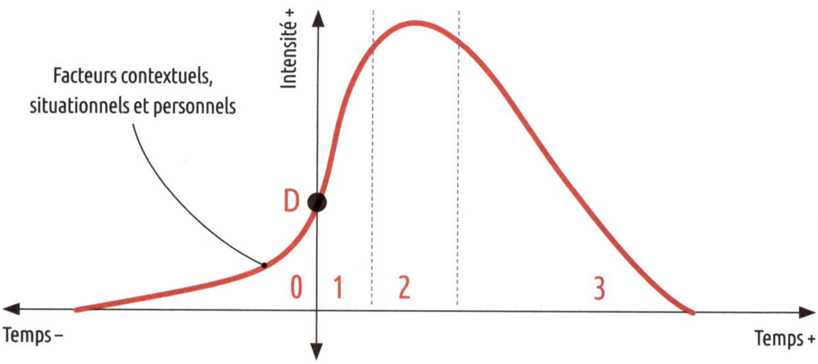

Phase 0 :

Nous sommes avant la confrontation. Au cours de cette phase, la personne n'a pas encore émis de demande ou n'a pas encore rencontré d'élément bloquant. Cependant, le contexte personnel, familial, professionnel, situationnel crée des micro-éléments qui vont faire croître progressivement la tension de l'individu. Les différents échanges ou les événements antérieurs viennent renforcer la perception négative de la situation.

▷ *Exemple concret : Cela fait plusieurs fois que vous demandez à votre conjoint de vous aider dans les tâches quotidiennes. Vous avez passé une journée harassante et vous comptez sur sa présence à la maison pour vous soulager. Vous avez déjà été déçu qu'il n'ait rien fait auparavant, mais vous comptez sur lui cette fois-ci. Or vous arrivez chez vous et vous vous apercevez que rien n'a été fait...*

Phase 1 :
Nous sommes dans la phase de charge. L'individu perçoit l'élément bloquant, le déclencheur (le point « D » sur la courbe). L'intensité augmente de manière significative. Le jeu de pouvoir s'installe. La personne s'emporte, perd progressivement la rationalité de la situation, campe sur sa position. Les échanges deviennent vifs et intimidants.

▷ *Exemple concret (suite) : Vous êtes en colère, vexé, blessé, vous demandez des explications à votre conjoint sur un ton sec, désagréable « qu'est-ce que tu as fait aujourd'hui ? » ; « c'est toujours pareil, je ne peux pas compter sur toi »... Les reproches pleuvent, vous signifiez votre mécontentement et attendez des explications...*

Phase 2 :
Dans cette partie, la courbe tend vers son paroxysme. La tension et l'agressivité deviennent palpables. Le comportement de la personne est excessif, blessant, les mots échangés peuvent être mal interprétés. La volonté de prendre l'ascendant est forte, la personne est centrée sur ses besoins. Le risque de passage à l'acte violent est important.

▷ *Exemple concret (suite) : Votre conjoint vous répond qu'il était fatigué, qu'il n'a pas eu le temps de s'occuper de ça aujourd'hui, que ce n'est pas la peine de s'énerver pour si peu, que vous ne le comprenez pas, etc. Vous êtes agacé par la situation, par son comportement et ses prétextes, vous vous emportez, quelques insultes surviennent, des jugements de valeur... Vous choisissez des mots pour le blesser, pour qu'il comprenne qu'il y aura des conséquences.*

Phase 3 :
Au cours de cette troisième étape, l'intensité émotionnelle décroît. La personne revient progressivement à des composantes rationnelles. Elle peut

prendre peu à peu conscience de son excès émotionnel et comportemental. Il y a une possibilité que la personne s'excuse, s'effondre, parte... Il est possible – suivant les individus et les faits – qu'un sentiment de culpabilité naisse.

▷ *Exemple concret (fin) : Vous vous arrêtez de parler, faites la moue, pleurez, vous vous excusez... Vous ne pouvez pas rester comme ça, vous sortez de la pièce, vous vous isolez, partez de la maison. Un sentiment de culpabilité pour les mots choisis et le comportement adopté vous inonde...*

▶ Vision « *victime* »

Du point de vue de la « victime », les phases de 0 à 3 peuvent être similaires à l'auteur avec une intensité plus ou moins variable suivant la personne, sa capacité à faire face, son entraînement et son vécu. En effet, la « victime » aura elle aussi une disposition contextuelle, situationnelle et personnelle particulière, elle vivra elle aussi un élément déclencheur (le conflit/l'agression), une montée en charge, une phase de tension et un retour au calme. Cependant, il existe deux étapes complémentaires qui interviennent postcrise. Ces étapes font surgir une intensité émotionnelle négative.

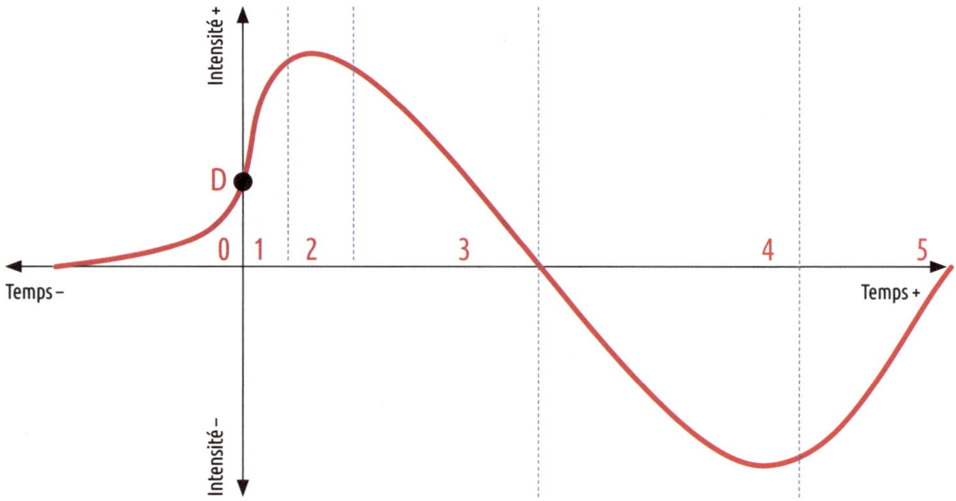

Phase 4 :
Dans cette étape, il y a un risque important que la personne perde ses repères, sa motivation et remette en question ses compétences, ses qualités et son utilité dans la relation. Cette perte de confiance sera accentuée par un sentiment de ne pas être compris et écouté. L'isolement social et la dévalorisation de soi sont possibles. Cette situation, si elle perdure dans le temps, risque de conduire la personne vers une décompensation professionnelle et/ou personnelle.

Phase 5 :
Dans cette dernière phase, la personne sera dans une dimension d'acceptation de la situation, de reconstruction de son estime de soi, de sa confiance en soi. Elle mettra également l'accent sur le développement de ses connaissances et compétences pour mieux réagir dans les situations futures.

C • Les notions de besoin et la pulsion de résistance

Comme nous l'avons vu dans les définitions et la chronologie des situations, deux composantes sont très nettement marquées dans les conflits. La première est la notion de frustration d'un besoin initial et la seconde est la mise en place d'une stratégie de défense.

Chaque individu est guidé par une volonté consciente ou inconsciente d'épanouir ses besoins. Le psychologue américain Abraham Maslow a hiérarchisé ces derniers dans une pyramide que l'on connaît aujourd'hui sous le nom de pyramide de Maslow[7].

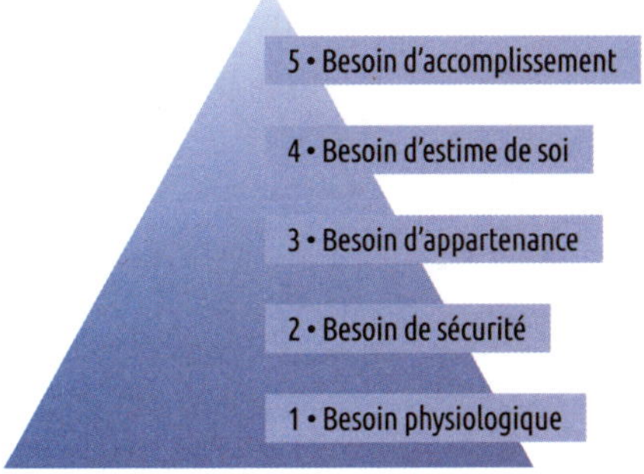

7 • Abraham Maslow, *Motivation and Personality*, Harpers & Brothers, 1954.

Cette dernière propose une classification de la motivation en cinq besoins universels où chaque étape doit être épanouie pour passer à l'étage suivant.

1 – Besoin physiologique : manger, boire, dormir, respirer...
2 – Besoin de sécurité : se sentir protégé, préserver son intégrité, sa famille, son emploi, son domicile...
3 – Besoin d'appartenance : faire partie d'un groupe, aimer ou être aimé...
4 – Besoin d'estime de soi : reconnaissance, confiance, réussite...
5 – Besoin d'accomplissement : créativité, développement personnel, travail introspectif...

Dans le cadre des relations interpersonnelles, il convient d'identifier clairement quel besoin est en lien avec la demande initiale afin de limiter le sentiment de frustration et les excès émotionnels. Dans le cas contraire, la personne qui était à la recherche d'un équilibre entre « ce que je veux » et « ce que je vais avoir » entrera dans un état de résistance à la situation et au changement vécus afin d'obtenir ce qu'il souhaitait initialement, voire plus...

Elisabeth Kübler-Ross, psychiatre et psychologue suisse, a modélisé les comportements de résistance par cinq étapes. Son analyse nous apprend que toute personne qui fait face à un changement important maximisera sa résistance pour ne pas perdre son besoin initial. Ces situations sont vécues de manière différente et sont plus ou moins longues et intenses émotionnellement suivant les personnes et le contexte.

1 – **Choc – déni – sidération :** La personne fait face au refus, à l'élément bloquant. Pour elle, la situation est brutale. Elle semble déconnectée de la réalité. Exemple : *« C'est pas vrai ! » « Vous vous moquez de moi ! » « Comment je vais faire moi ! »*

2 – **Colère :** Dans cette deuxième étape, l'individu va chercher à s'affirmer, se révolter par rapport à la situation : *« Je pars pas d'ici sans ce que je suis venu*

chercher. » « *Ça ne se passera pas comme ça.* » « *Tu ne sais pas qui je suis !* » « *Comment on va faire, tu t'en fous, toi !?* »

3 – **Peur – tristesse :** La personne va commencer à culpabiliser, se questionner. La nostalgie du passé s'installe ainsi qu'une profonde inquiétude vis-à-vis du futur. « *Je n'y arriverai pas, c'est trop dur.* » « *Qu'est-ce que je vais leur dire ?* » « *Je ne pourrai jamais repasser par là !* »

4 – **Acceptation – pardon :** L'individu change de perception par rapport à la situation, s'oriente vers l'avenir et se libère de sa culpabilité. Il comprend mieux la situation et le point de vue des personnes concernées. « *Bon, on fait quoi maintenant ?* » « *Pardon, je ne voulais pas dire ça.* » « *Qu'est-ce que tu attends de moi ?* »

5 – **Quête de sens et de renouveau – sérénité et croissance :** La personne trouve un intérêt à la situation. Le changement est pleinement intégré et part sur de nouvelles bases. « *Quand est-ce que je peux repasser pour avoir mes documents ?* » « *Que dois-je faire pour que ça aille plus vite ?* »

Les étapes 1 à 3 sont dans des phases négatives tournées vers la résistance, le passé et le refus. Il sera donc difficile d'y faire face sans avoir une méthodologie viable en situation de crise. Néanmoins, lors de la confrontation, il sera important de garder à l'esprit que des phases positives existent par la suite (étape 4 et 5). Cela vous permettra de prendre du recul par rapport à l'événement et de garder en tête votre stratégie et les outils pour pouvoir y arriver.

PAROLE D'**EXPERT**

Antoine **PENNAFORTE**

Le développement des compétences pour prévenir les conflits dans les organisations

Bonjour, Antoine, vous êtes consultant en gestion des ressources humaines et maître de conférences au Cnam. Quel a été votre parcours ?

Bonjour. Après un master en histoire, un autre en GRH et sociologie, j'ai réalisé ma thèse de doctorat à la DRH d'une grande entreprise. Puis, j'ai été nommé maître de conférences au Cnam et suis parti deux années en Ontario faire de la recherche. Depuis mon retour en 2015, j'ai développé plusieurs MOOC sur la GRH, publié un nouvel ouvrage (*Fondamentaux de la GRH : 100 défis RH illustrés*, Dunod, 2018) et ai été nommé responsable du master GRH et transformation numérique du Cnam. En parallèle de ces activités, j'interviens dans des organisations en tant que consultant sur des thématiques RH et managériales.

Selon vous, qu'est-ce qui favorise la création de conflits dans les organisations ?

Tout d'abord, il y a la motivation du conflit. Est-il volontaire ou involontaire ? Puis, les environnements, plus ou moins délétères pour les individus, leur niveau de compétences et de formation, leur capacité à considérer autrui autrement que comme un ennemi. Aussi, les organisations ont permis d'apporter beaucoup de « privé » dans les lieux de travail, ce qui pose problème. La difficulté à prendre des décisions peut également créer des conflits. Les combats d'ego, les luttes politiques, à tous les niveaux. Les déficits de communication. La liste est longue.

Quels outils pouvons-nous utiliser pour les prévenir ?

Le premier demeure la formation et le développement de l'intelligence situationnelle, voire collective. Le second, de rappeler sans cesse l'importance d'un cadre éthique de vivre ensemble, et de sanctionner tout manquement ou déviance au regard de la règle. La création de relais, de dispositifs d'alerte permet d'endiguer quelquefois des conflits. Mais le meilleur outil demeure le comportement !

Il y a-t-il des compétences clés pour limiter les situations de tension ?

Se connaître et connaître les impacts de son comportement sur les autres et donc la compétence de réflexivité.
Deuxièmement, la capacité à prendre des décisions, et que celles-ci soient les plus justes et équitables possibles.
Aussi, les retours d'expériences collectives sont utiles.
Détecter les signaux faibles peut bien aider également.

Concrètement, comment résoudre une situation conflictuelle avec son équipe lorsqu'on est manager ?

1 – Rechercher les causes du conflit. Sont-elles environnementales, personnelles, voire de son propre fait ou encore organisationnelles ?
2 – Avoir le courage de sanctionner quand les causes et les preuves sont trouvées et avérées.
3 – Travailler à rétablir une situation d'équilibre, sans oublier de continuer à soutenir ceux qui se sont tenus en dehors du conflit.
4 – Mettre en œuvre un plan d'action, rester au contact, appuyer son relationnel.
5 – Évaluer les impacts des actions mises en œuvre.

Et inversement, comment résoudre un conflit avec son manager ?

C'est tout l'art de savoir gérer son manager !
Aller au contact et chercher la cause, selon le même degré de facteurs.
Si le conflit persiste, solliciter les RH ou toute personne en position de proposer une médiation.
Travailler à son relationnel.
Prendre des décisions personnelles si le conflit continue.

Si vous deviez donner un seul conseil à nos lecteurs, quel serait-il ?

Ne cessez jamais de vous instruire. Le conflit provient trop souvent d'un manque de connaissances et de sérénité associée.
Aussi, venez travailler en vélo, vous évacuerez les aspects désagréables de votre journée !
Et ne laissez rien vous ronger l'estomac.

Merci Antoine !

2 • APPRÉHENDER LES SITUATIONS CONFLICTUELLES AU TRAVAIL, EN FAMILLE, DANS LA RUE

A • Les filtres de perception et d'interprétation de la situation

Il nous est à tous arrivé d'assister à une même situation et de nous apercevoir que les autres personnes présentes n'ont ni vu, ni entendu, ni ressenti la même chose que nous. Chacun aborde l'événement sous un certain angle, avec des points marquants différents, et est intimement convaincu que ce qu'il a vécu et vu est la vérité.

Le psychologue américain George Miller[8] indique que « pour comprendre ce que quelqu'un dit, il convient de partir du principe que ce qu'il dit est la vérité et qu'il faut tenter d'imaginer de quelle vérité il s'agit[9] ». Afin de mieux aborder les situations conflictuelles et les relations interpersonnelles dans une dimension plus large, il serait donc nécessaire d'avoir un regard neutre et objectif en limitant les considérations subjectives et les préjugés. Nous devons donc partir du principe que l'individu en face de nous peut être dans une démarche sincère et justifiée pour ne pas orienter notre perception de la situation.

Dans la pratique, cela semble plus compliqué à mettre en application. En effet, notre analyse de la situation risque d'être biaisée par un ensemble de facteurs plus ou moins importants que nous avons construits au cours de notre existence. Cette distorsion dans le traitement de l'information, appelé aussi « biais cognitif », est un des éléments importants dans le principe de la « carte du monde » en programmation neurolinguistique (PNL).

La PNL est une discipline de la psychologie appliquée créée dans les années 1970 par Richard Brandler (mathématicien et psychothérapeute) et

8 • Ses travaux de recherche ont contribué à fonder la psychologie cognitive.

9 • Cité *in* Frédéric Peucheret, *Conduite comportementale d'entretiens*, Lulu.com, 2013.

John Grinder (linguiste). Elle nous propose des outils pour « programmer » notre cerveau afin d'être dans une démarche de progression et de réussite au quotidien. La méthode propose des hypothèses de base (appelés aussi « présupposé » ou « prédicat ») dont est issu le principe de la « carte du monde ».

Ce présupposé mentionne que chaque personne voit le monde en fonction de ses valeurs, de ses croyances, de ses besoins, de ses motivations, de son expérience et de sa personnalité. Cela implique donc que les interprétations d'une même situation deviennent multiples puisque ce qui est important pour les uns ne l'est pas forcément pour les autres.

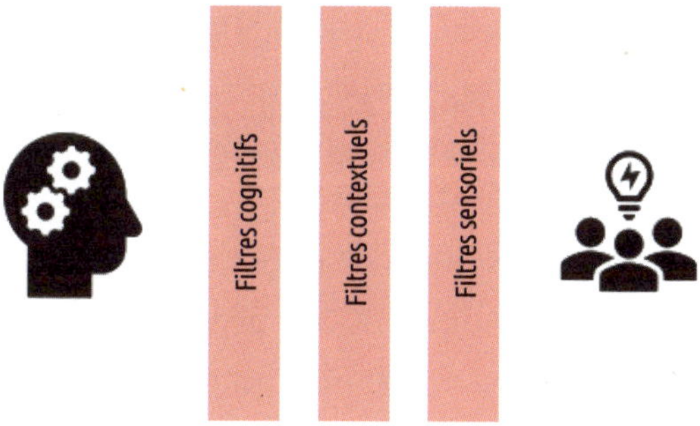

Pour mieux comprendre le prisme de perception de la personne, il convient alors de cerner son mode de traitement de l'information et donc sa carte du monde. Pour ce faire, nous nous attarderons sur quelques critères clés du système d'interprétation de l'individu afin de pouvoir mieux les détecter dans la situation d'opposition.

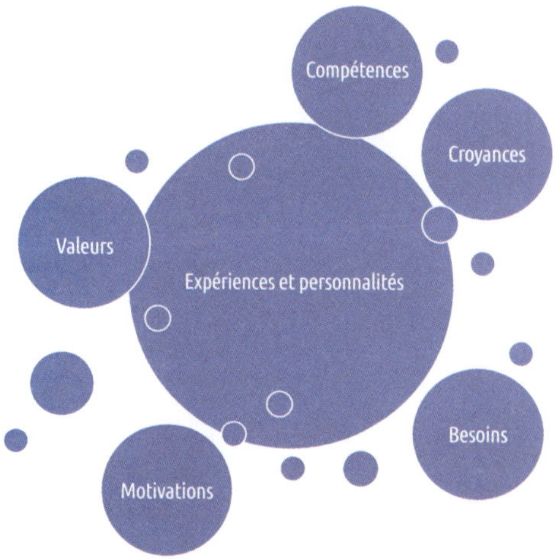

Croyance : Il s'agit d'un processus mental vécu par une personne qui croit que l'hypothèse ou la doctrine à laquelle elle adhère est vraie, qu'elle soit réelle, factuelle ou non avérée. Il s'agit d'une alchimie entre perception, sensation, intuition, déduction, conviction. La croyance peut être culturelle, religieuse, mystique, idéologique ou politique. Exemple : les banquiers sont tous des voleurs ; on ne peut rien faire face à un individu armé...

Valeurs – culture : Le système de valeurs d'une personne fait référence à ses buts, ses idéaux, son sens de l'éthique et du jugement. Ces éléments constituent la moralité de l'individu et lui permettent d'appartenir à un groupe social ou culturel. Ces valeurs peuvent être un ensemble cohérent de normes et référentiels auxquels les personnes accordent de l'importance, comme la justice, la politesse, l'honneur, l'équité, le partage, mais qui peuvent être variables suivant les situations[10], les cultures, les générations...

Motivations – besoins : Nous avons vu que chaque personne est guidée par une volonté consciente ou inconsciente d'épanouir ses besoins au travers de la pyramide de Maslow. Cette approche peut être mise en relation avec la théorie de Vroom[11] sur la motivation. L'auteur nous indique que la motivation est générée grâce à trois facteurs qui se combinent de façon multiplicative : l'expectation (*quelles sont mes chances de réussir ?*), l'instrumentalité (*qu'est-ce que je vais obtenir ?*) et la valence (*quelle est la valeur de ce que je vais obtenir ?*). Ce modèle nous permet de comprendre que si la personne a quelque chose à gagner lors de la situation elle risque d'être beaucoup plus attentive, vigilante et présente dans l'événement que si cette dernière n'a aucun intérêt direct.

10 • Luc Boltansk (sociologue) et Laurent Thévenot (économiste), *De la justification*, Gallimard, 1991.

11 • Victor Vroom, « la théorie des attentes ».

B • Les facteurs d'émergence d'un phénomène collectif

Si tous ces phénomènes peuvent s'expliquer à titre individuel, il n'est pas rare qu'un conflit avec une personne dégénère en mouvement de groupe. Cette situation fait se confronter deux mécanismes distincts, mais complémentaires : la convergence et la contagion. La notion de convergence précise que des individus qui agissent de la même manière ou qui ont les mêmes croyances ou les mêmes besoins finissent par se regrouper et former une communauté qui peut être éphémère ou durable[12]. Ces personnes seront alors influencées dans leurs actions et leurs prises de décisions par la situation, le contexte et l'environnement.

▷ *Exemple : Un individu se rend à sa banque le mardi matin à l'ouverture pour récupérer son chéquier. L'établissement bancaire étant fermé du samedi après-midi au lundi soir, de nombreux clients se déplacent pour effectuer des tâches courantes, honorer les rendez-vous avec les conseillers et gérer les éventuelles difficultés du week-end.*

Nous retrouvons ici tous les points de la théorie de la convergence : un ensemble de personnes, un besoin, une croyance commune et des contraintes en lien avec le contexte et l'environnement.

Ajoutons à cet exemple, un élément perturbateur : un individu fortement contrarié par le temps d'attente, la qualité de la prise en charge et/ou une difficulté en lien avec l'utilisation de son compte. Ce dernier parle fort, intimide et invective les conseillers, sollicite les personnes présentes en leur demandant leur avis.

▷ *Exemple : « Vous trouvez ça normal !? » « Ils nous prennent notre argent et on ne doit rien dire ! » « Vous feriez quoi à ma place !? »*

---

12 • Frédéric Peucheret, *Conduite comportementale d'entretiens*, Lulu.com, 2013.

Un nouveau mécanisme entre alors en jeu : l'effet de contagion. Cette théorie démontre qu'un groupe peut être influencé par le comportement d'un individu qui propage plus ou moins consciemment une idée. Le sociologue Émile Durkheim, au travers de son modèle sur la « conscience collective », nous explique qu'un groupe va alors se former et les personnes présentes vont partager et adhérer aux idées et aux comportements initiés. Ce groupe serait considéré comme une entité supérieure, autonome et serait perçu comme plus important que les individus le constituant. Ces derniers s'effaceront alors pour laisser la place à la communauté. Le fonctionnement de ce groupe peut être soit positif, soit négatif. Nous pourrons donc observer dans cette communauté une dépersonnalisation avec l'usage du « on », une distanciation avec l'extérieur avec le « ils », une absence de prise de recul sur les actions commises, un effacement des valeurs individuelles et la mise en place d'une hiérarchie sociale.

Cette hiérarchisation sociale est en lien avec le besoin d'appartenance et d'estime de soi de la pyramide de Maslow, mais aussi avec le concept de soumission à la pression sociale. Cette théorie nous apprend qu'une personne active dans un groupe aura des réactions, réalisera des actions ou prendra des décisions différentes que si elle était seule, afin d'être en phase et accepté par ce groupe. Le comportement de l'individu est donc influencé par le collectif, l'environnement ou la situation. Ce phénomène de soumission à la pression sociale peut être catégorisé en trois grands principes psychologiques[13] :

13 • Frédéric Peucheret, *Le petit livre noir de la manipulation*, Lulu.com, 2012.

1 – **La pression de la conformité** : Ce concept développé par le psychologue Solomon Asch, admet qu'une idée et un comportement d'une personne peuvent changer en fonction de son environnement et de ses interactions sociales. L'individu dans le groupe alignera alors son comportement aux autres de manière consciente ou inconsciente, afin de pouvoir intégrer le groupe[14]. Exemple : « *Je vais faire comme vous, ce sera mieux.* »

2 – **L'effet Pygmalion[15] :** Ce principe désigne la modification des facultés de pensée et de raisonner d'une personne pour la considération d'un tiers faisant figure d'autorité. Le psychologue Robert Rosenthal nous démontre ainsi que les encouragements favorisent la réussite et le dénigrement l'amoindrit. Exemple : « *Je ne pensais pas que j'aurais été capable de faire ça, heureusement qu'il a été là pour me dire quoi faire.* » « *Tu vois, je t'avais dit que tu n'en étais pas capable.* »

3 – **La soumission à l'autorité[16] :** Le psychologue Stanley Milgram démontre que la confiance, l'obéissance et les croyances d'un individu peuvent être compromises ou modifiées lorsque celui-ci est face à une personne représentant l'autorité, que celle-ci soit perçue ou vérifiée. Il s'agit d'un comportement de soumission où la personne fera ce qu'on lui demande, quelles que soient ses convictions. Exemple : « *C'est normal, c'est le chef qui a demandé.* » « *On peut lui faire confiance, il sait de quoi il parle, c'est quand même lui qui est en charge du projet.* »

---

14 • Solomon Asch, *Social Psychology*, Oxford University Press, 1952.

15 • Robert Rosenthal et Lenore Jacobson, *L'effet Pygmalion, je pense donc tu es*, 1968, disponible sur psychoweb.fr.

16 • Stanley Milgram, *Soumission à l'autorité*, Calmann-Lévy, 1994.

Ces mécanismes psychologiques renvoient donc au rôle social de chacun dans un groupe. Au sein d'un collectif, nous pouvons identifier trois rôles principaux :

1 – **Le leader :** C'est lui qui initie la dynamique de groupe, il met en avant sa perception des choses, ses idées et sa capacité à raisonner pour fédérer le groupe. Il s'agit d'une personnalité affirmée, qui peut avoir du mal avec l'autorité. Il s'exprime, en général, clairement et montre de la conviction dans ses propos. Il est orienté vers l'avenir et adopte un comportement proactif afin d'anticiper les réactions des personnes.

2 – **Le provocateur :** Il a une forte implication dans le groupe et s'impose la plupart du temps par la force. Son comportement oppressant et autocentré peut intimider et faire fuir les autres individus. Il écoute peu, parle beaucoup et ne prend pas en compte les autres. Le provocateur est dans l'instant présent et ne mesure pas les risques pris.

3 – **Le suiveur :** Il exécute les tâches et a plutôt un comportement de soumission, de crainte ou de fuite. Il présente un manque de confiance en lui, une motivation faible et n'aime pas les responsabilités en général. Il est dans l'instant présent et agit en réaction par rapport au groupe.

EXERCICE PRATIQUE :

Maîtriser ses émotions lors d'un conflit n'est jamais aisé. Réussir à prendre du recul, analyser la situation, réfléchir à une solution demande un contrôle de soi important. Pour pouvoir y arriver, vous pouvez vous entraîner chez vous. Voici un exercice simple qui vous permettra de vous améliorer.

Trouvez tout d'abord une tâche du quotidien qui vous demande de la concentration et qui sollicite votre sens de l'analyse, de la technicité et que vous n'appréciez pas particulièrement. Cela peut être par exemple : monter un meuble, suivre une recette, faire les devoirs avec vos enfants...

Avant de commencer à réaliser votre action :

1 – Faites une bonne séance de sport (cardio, cross-training, marche rapide...); vous devez sortir de votre séance suffisamment fatigué pour ne pas avoir envie de réaliser la tâche.

2 – Choisissez une musique que vous détestez ou un bruit de fond désagréable et mettez le son relativement fort.

3 – Demandez à quelqu'un (votre conjoint, vos enfants, votre famille, vos amis...) de venir vous solliciter régulièrement pendant la réalisation de la tâche choisie.

4 – Placez un chrono et imposez-vous une limite pour réaliser la tâche.

5 – Commencez votre exercice... Vous allez adorer :-)

6 – Si vous « débordez », vous échouez (évitez de crier sur vos proches, ils vous aident à progresser).

7 – Votre objectif : garder votre calme, répondre aux sollicitations et réussir à réaliser votre tâche.

Vous pouvez augmenter la difficulté au fur et à mesure en ajoutant des éléments déclencheurs et des facteurs qui viendront renforcer la frustration et la génération de colère.

ÉTUDE DE CAS CONCRET

Gérer un conflit avec son manager

Vous venez de terminer les derniers entretiens de recrutement pour un poste dans une nouvelle entreprise. Vous êtes ravi, les personnes que vous avez rencontrées semblent impliquées, sympathiques et avenantes. Les missions que vous aurez à réaliser vous conviennent parfaitement et permettent un équilibre entre vie personnelle et professionnelle. Votre directeur semble être quelqu'un de bien, sur qui vous pouvez compter. Vous avez fait des concessions pour votre salaire, mais vous avez pu négocier des éléments variables et une augmentation à hauteur de 10 % au bout d'un an de présence. Ces éléments vous permettent de vous retrouver financièrement dans l'ensemble.

1 an plus tard...

Une bonne année professionnelle de passée, vous avez fourni les efforts nécessaires pour atteindre la totalité de vos objectifs et vous vous êtes impliqué dans les différents projets de l'entreprise. Vous rencontrez votre directeur pour faire le point sur votre année. Vous vous attendez à une augmentation à hauteur de 10 % et les bonus associés comme il a été convenu à votre entrée. Au cours de l'entretien, votre supérieur vous indique qu'il est satisfait de vos résultats et vous propose une augmentation de 2 % de votre salaire. Surpris et déçu du montant, vous exprimez votre mécontentement, mais sans savoir argumenter votre souhait. Votre responsable reste sur sa position invoquant des directives venues du siège. Vous lui demandez des informations sur votre bonus variable. Il vous explique qu'il faudra attendre un peu de temps, environ quinze jours, afin de libérer les budgets. Agacé par cette situation, vous lui indiquez votre déception et vous lui demandez un nouvel entretien dans quinze jours.

Ce délai vous permet, d'une part, de revenir sur des éléments rationnels, de redescendre en pression et de ne pas vous laisser submerger par vos émotions. D'autre part, cela vous laisse le temps nécessaire pour préparer cette nouvelle rencontre.

Vous pouvez par exemple :
- Amasser tous les éléments écrits (contrats, mails, courriers) qui permettront d'appuyer votre position.
- Mettre en place votre stratégie et préparer des scénarios possibles avec diverses postures (vous êtes en situation de difficulté et lui de force et inversement) et les plans d'action associés. Vous pouvez, entre autres, vous poser ces questions :
  + Qu'est-ce qu'il peut me reprocher ?
  + Qu'est-ce que je peux lui reprocher ?
  + Sur quels leviers je peux travailler ?
  + Quel est mon point de rupture ?
  + Qu'est-ce que j'accepte ?
- Préparer des questions afin de cerner ce qui mérite un delta de 8 % :
  + Qu'est-ce que je n'ai pas rempli ?
  + Qu'est-ce qu'on attendait de moi exactement ?
  + Qu'aurais-je dû faire pour atteindre mon objectif ?
  + Comment faire pour l'atteindre l'an prochain ?

Dans tous les cas, au cours de votre nouvel entretien :
- Restez factuel et centré sur le fond du problème.
- Prenez du recul, n'en faites pas une affaire personnelle. Cela vous permettra de rester lucide.
- Écoutez votre supérieur, il a peut-être des raisons valables qui expliquent la situation.
- Restez professionnel, les écarts de conduite n'aident pas à obtenir ce que l'on souhaite et peuvent vous mettre en difficulté.

PARTIE II

RÉSOUDRE

Celui qui excelle à résoudre les difficultés,
le fait avant qu'elles ne surviennent.

Sun Tzu

1 • PRENDRE EN COMPTE LE FACTEUR HUMAIN DANS LES ÉVÉNEMENTS DU QUOTIDIEN

A • L'analyse comportementale

Dans une relation difficile, il est primordial de cerner les attitudes, les gestes et les mots de son interlocuteur. Ces éléments peuvent nous fournir des indices sur l'état émotionnel, physique et sur la dynamique que l'individu souhaite engager. Comprendre le fonctionnement de la personne en crise permet ainsi de cibler si celle-ci est plutôt dans une démarche d'ouverture ou de fermeture, si elle tient un raisonnement lié à l'affectif ou à la logique, de cibler ses émotions, d'anticiper ses intentions et ses attentes lors de l'interaction.

Cette capacité à décrypter le comportement humain en fonction du contexte et de la situation s'appelle « analyse comportementale ». Cet outil de la psychologie appliquée regroupe diverses disciplines scientifiques et courants de pensée des sciences cognitives et comportementales. L'analyse comportementale permet de dégager une tendance sur l'état observable d'une personne à l'instant « T ». Naturellement, il convient de rester humble et de limiter, tant que faire se peut, les jugements personnels, les biais cognitifs et perceptifs pour l'interprétation des signaux reçus et d'accepter la part de probabilité de notre analyse puisque nous ne sommes pas dans le schéma de pensée réel de la personne.

D'un point de vue pratique, la méthodologie pour pouvoir analyser un comportement dans une situation donnée nécessite la compréhension d'un processus chronologique sur quatre niveaux. Le point initial est l'élément déclencheur, c'est lui qui vient rompre la normalité de la situation et donc du comportement de la personne, ce qui provoquera un changement d'état émotionnel qui modifiera par voie de conséquence les modalités de perception et de traitement de l'information par notre cerveau. Ce changement d'état interne va générer une modification physiologique et entraîner la création d'un nouveau comportement en lien avec l'événement.

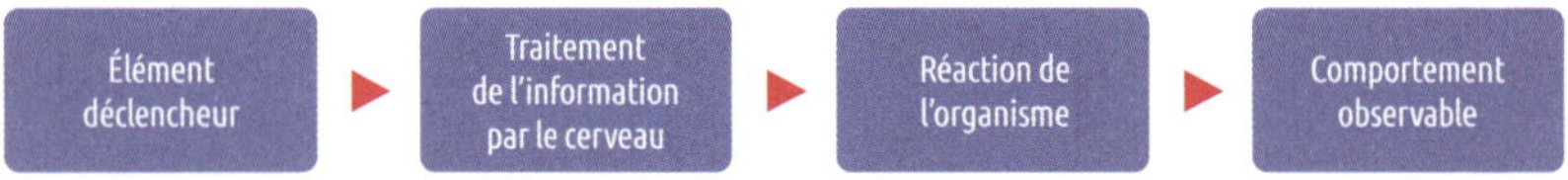

▷ *Exemple : Vous êtes dans la rue, une personne qui ne semble pas inquiétante de prime abord vous interpelle, s'approche de vous, vous insulte et tient des propos incohérents...*

Nous pouvons traduire ici la chaîne réactionnelle possible face à ce genre de situation, à savoir :

1 – **L'insulte**, qui correspond à l'élément déclencheur.

2 – **La génération d'émotions comme la surprise, la peur ou la colère**, qui représente le changement d'état interne.

3 – Les changements physiologiques avec **un afflux sanguin prioritaire au niveau des extrémités, la libération d'hormones et de neurotransmetteurs** pour permettre une réaction.

4 – Les indicateurs observables comme **les rougeurs au niveau du visage, le tremblement des mains, la tétanie, le souffle coupé**...

Le traitement du comportement observable nécessite donc de partir d'un état de « normalité » afin de mieux percevoir les réactions de l'autre. Ce comportement de « conformité » est celui qui est adopté tous les jours, lors d'une situation d'interaction classique où il n'y a pas de difficultés apparentes. Il regroupe ainsi les habitudes, les croyances, la manière de se déplacer, de communiquer et de se comporter avec les autres pour l'individu ciblé. Il s'agit ensuite de cerner ce qui va venir bouleverser cette cohérence et provoquer un comportement perturbé. Une fois cette nouvelle attitude décelée, il est nécessaire de la mettre en corrélation avec différents facteurs de détection en fonction du contexte et de la situation. La dernière phase est de vérifier ce comportement avec, soit une répétition d'un élément déclencheur de même nature, afin de confirmer ou infirmer le comportement dégradé, soit par la mise en place d'un schéma de questionnement ou de contrôle pour vérifier le niveau de tension ou l'émotion ressentie.

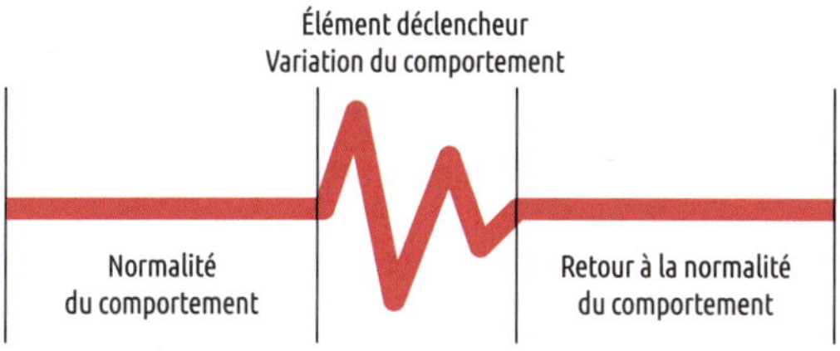

Il semble ainsi nécessaire de savoir ce qu'il faut regarder et écouter pour mieux comprendre les attitudes de notre interlocuteur. Ce travail passe par la mise en place d'un processus d'observation qui repose sur trois niveaux :

1 – **Le contexte.** Cet élément d'observation permet de définir un cadre de référence avec des indicateurs sur la localité et les circonstances. Dans cette phase, nous répondons principalement aux questions suivantes : sommes-nous en intérieur ou en extérieur ? Quelle est la configuration de l'espace ? Sommes-nous dans une situation d'interaction sociale normale (transports en commun, plages, travail...) ?

2 – **La situation.** Dans ce paramètre, nous nous concentrons sur la situation vécue. Nous répondons aux interrogations comme : la situation est-elle stressante, anxiogène (recrutement, prise de parole en public, conflit, agressivité...) ? Combien de personnes sont présentes ? Quels sont les jeux de pouvoir en place ? Quelles sont les attentes? Quel est le style vestimentaire de la personne ?

3 – **Le comportement.** Ici, nous cherchons à détecter les indicateurs observables de la personne et notamment sa communication, la distance entre les protagonistes, la posture, la manière de s'exprimer et les éventuels processus de ritualisation...

Si les deux premiers points peuvent facilement être mis en exergue dans le processus d'analyse, il convient de s'attarder sur les éléments liés au comportement et particulièrement sur les différents champs de recherche possibles. Ainsi nous aborderons en premier lieu les éléments liés à la communication de l'individu, puis les facteurs liés à l'occupation de l'espace et à sa proxémie pour enfin conclure sur les processus de ritualisation.

B • Les niveaux de langage

Le psychologue américain Albert Mehrabian[17] a déterminé au travers de ses études menées dans les années 1960 que la communication d'une personne passe par trois niveaux de langage :

- **Le verbal** représente 7 % de notre communication. Il comprend le registre lexical utilisé, la construction des phrases, les mots employés, le registre de langue (courant, familier, soutenu), etc.
- **Le paraverbal** représente 38 % de notre communication. Ce niveau correspond à notre manière de nous exprimer, notre prosodie. Il contient le débit et le rythme des paroles, les variations d'intensité de la voix, la tonalité et les silences.
- **Le non-verbal** représente 55 % de notre communication. Il détermine nos attitudes, nos gestes, notre posture, l'espace que nous occupons et les expressions faciales.

La prise en compte de ces différents niveaux de communication dans l'analyse du comportement observable permet d'avoir un premier référentiel de recherche et ainsi de mieux interpréter les réactions de notre interlocuteur. Pour ce faire, nous devons être vigilant à la congruence, c'est-à-dire la cohérence entre ces différents niveaux de langage. La notion de congruence permet de définir l'adéquation entre ce qui est dit (le verbal), la manière dont cela est dit (le paraverbal) et comment agit la personne en fonction des propos (le non-verbal). Dans le cas de l'analyse comportementale, c'est le manque de cohérence qui doit attirer notre attention. En effet, cette incohérence, c'est-à-dire la contradiction entre le verbal, le paraverbal et le non-verbal en fonction d'une situation et d'un contexte, nous permettra de mieux détecter les signaux faibles et d'anticiper une situation conflictuelle.

17 • Albert Mehrabian, Morton Wiener, « Decoding of inconsistent communications », *Journal of Personality and Social Psychology*, 6(1), 1967, p. 109-114 ; Albert Mehrabian, Susan R. Ferris, « Inference of attitudes from nonverbal communication in two channels », *Journal of Consulting Psychology*, 31(3), 1967, p. 248-252.

1er niveau d'analyse : le verbal

Cette première phase d'analyse nécessite une grande attention et une forte capacité d'écoute surtout en situation de stress, puisqu'elle demande de se focaliser sur le vocabulaire de la personne. Pour ce faire, nous allons nous concentrer sur ces différents indicateurs :

▹ Les niveaux de langage

Les niveaux de langage désignent la manière de s'exprimer d'une personne. Ils peuvent être en lien avec son système de valeurs, de croyances, d'instruction ou d'appartenance sociale. Ils se caractérisent par trois niveaux :

→ **Familier :** Ce niveau de communication est utilisé principalement avec les proches et utilise des contractions de mots, des abréviations, des fautes de syntaxe et, souvent, des injonctions.
« J'te dis qu'ça fait plusieurs fois que j'viens et qu'c'est toujours pas réglé ! » « Comme d'hab quoi ! » « Bah oui, bien sûr, c'est pas de ma faute ! »
À noter qu'il peut aussi y avoir une dimension argotique, voire vulgaire dans ce registre :
*« Vas-y tu parles à qui là ! » « Ferme ta gueule ! » « J'chui pas ton pote... » « Me casse pas les c*** ! »*

→ **Courant :** Il s'agit du registre le plus facilement utilisé dans la vie courante. Il s'agit d'un langage correct qui respecte les règles de bienséance.
« Quel est le problème ? » « Pourquoi tu me parles comme ça, s'il te plaît ? » « Ce n'est pas normal ! » « Arrête s'il te plaît. »

→ **Soutenu :** Il s'agit d'un moyen d'échange soigné, recherché. Les mots employés renvoient à un vocabulaire plutôt rare, des figures de style sont présentes.
« Qu'aurais-je dû faire pour éviter cette situation ? » « Auriez-vous l'amabilité de vous adresser à moi d'une autre manière ? » « Je vous remercie de me passer votre supérieur hiérarchique. »

Même si ce niveau de langage est peu présent dans le cas des situations conflictuelles, il peut être utilisé pour signifier une prise de hauteur, un jeu de pouvoir ou une vision condescendante de son interlocuteur.

▷ La dynamique de raisonnement

La dynamique de raisonnement de la personne en crise permet de cibler quel est l'élément essentiel pour lui dans l'interaction. Au travers de ce schéma de pensée nous pouvons retrouver de différentes formes d'informations, comme le fameux Qui, Quoi, Où, Quand, Comment, Pourquoi (QQOQCP).

→ **Qui** : L'individu est centré sur les interactions humaines, sur lui ou sur son interlocuteur, l'institution ou l'entreprise. Dans cette dimension, nous pouvons retrouver des attaques personnelles qui visent à intimider la personne, reprendre le contrôle et s'affirmer dans la relation.
*« Tu as vu ce qu'elle a fait ? » « C'est toujours pareil avec toi ! » « Pourquoi vous faites ça ? » « La personne de la dernière fois m'a indiqué que c'était gratuit aujourd'hui. » « Tu m'en veux ? » « Qu'est-ce que tu cherches ? » « C'est quoi cette boîte de m*** ? » « Vous êtes tous des pourris ici ! » « Je vous fais confiance. » « C'est bien parce que c'est vous. » « Tu vas voir ta collègue. »*

→ **Quoi :** La personne se concentre sur les faits, les événements, l'objet du litige, de la confrontation.
« Je veux ce qui était prévu. » « J'ai laissé mes affaires ici et elles ne sont plus là. » « Qu'est-ce tu veux ? » « C'est de ma prime qu'il est question ! »

→ **Où :** Nous pouvons retrouver ici tous les éléments liés à la localisation, au lieu.
« Ça s'est passé où ? » « Tu vas voir au bureau ? » « Par où tu es passé ? » « Vous ne comprenez pas, je viens de loin... » « Où est-ce que ça se trouve ? »

→ **Quand :** L'individu est focalisé sur la temporalité et la chronologie des faits (passé – présent – futur).

« Tu la vois depuis combien de temps ? » « Combien de fois ça s'est produit ? » « Ça s'est passé quand ? » « Quand comptais-tu me le dire ? » « Tu le sais depuis quand ? » « Quand est prévu le prochain rendez-vous ? » « Je vais attendre combien de temps ? » « Depuis quand c'est lui le chef ? »

→ **Comment :** Ici sont concentrés les éléments liés au processus, à la méthode employée.
« Ce n'est pas comme ça que ça fonctionne. » « Pouvez-vous m'expliquer les différentes étapes ? » « Normalement, c'était à moi de valider ce projet. » « Comment ça se fait qu'il ne soit pas encore au lit ? » « Qu'est-ce que tu as fait aujourd'hui ? »

→ **Pourquoi :** Ici la personne se concentre sur ce qui a provoqué la situation, la cause et toutes les informations qui y sont liées.
« Qu'est-ce qu'on va faire maintenant ? » « Pourquoi ça s'est passé comme ça ? » « Pourquoi tu lui as dit ça ? » « Pourquoi vous avez fait ça ? » « Pourquoi tu ne m'as rien dit ? » « C'était sûr en faisant ça, ça allait te tomber dessus ! » « Fallait s'y attendre... » « Tu savais ce que tu faisais, maintenant il faut assumer ! »

En complément de ces informations, nous pouvons également déterminer si l'individu est plutôt dans une phase émotionnelle avec par conséquent une forte subjectivité ou, à l'inverse, s'il possède un raisonnement rationnel et factuel.

→ **Exemple dimension émotionnelle :**
« Cela fait plusieurs fois que vous arrivez en retard au travail, vous me décevez énormément, je comptais vraiment sur votre implication, je vous faisais confiance... c'est inacceptable... »

→ **Exemple dimension rationnelle :**
« J'ai remarqué que vous êtes arrivé en retard à plusieurs reprises cette semaine, pouvez-vous m'expliquer la situation ? »

▷ Le système VAKog

Ce système est issu de la programmation neurolinguistique[18] et signifie visuel (V), auditif (A), kinesthésique (K), olfactif (O), gustatif (G). Il propose que chaque individu a un canal sensoriel privilégié sur lequel il perçoit, mémorise et analyse les informations. Dans la suite de l'approche, nous nous concentrerons principalement sur les trois premières lettres du modèle, à savoir visuel, auditif, kinesthésique (VAK) puisque les sens olfactifs et gustatifs ne sont pas considérés par la méthode comme principaux. En effet, de manière générale, la population serait pour 60 % visuelle, 30 % auditive et 10 % kinesthésique.

→ **Visuel :** Il utilise principalement le champ lexical de la vue. Il donne sens aux images, aux couleurs et aux mouvements.
« Tu vois ce que je veux dire. » « C'est clair, il s'est moqué de moi. » « Je vois ce que vous voulez dire. » « Que les choses soient claires entre toi et moi ! » « Montrez-moi le problème ! » « Tu veux voir ce que ça fait ? »

→ **Auditif :** Il utilise principalement le champ lexical de l'ouïe, il choisit ses mots avec attention et réalise de belles constructions de phrase.
« J'entends ce que vous dites. » « J'ai du mal à vous entendre. » « Vous pouvez parler moins fort ? » « Il y a trop de bruit, je ne vous entends pas. » « Tu entends ce que je te dis, c'est fini ! »

→ **Kinesthésique :** Il utilise principalement le champ lexical du toucher, de la sensation. Il exprime ses émotions et ce qu'il éprouve.
« Ça fait mal d'entendre ça. » « Il faut lui laisser une porte ouverte. » « Il faut sentir le bon timing. » « Ça m'a marqué cette histoire avec le voisin ! »

18 • Voir *A* • *Les filtres de perception et d'interprétation de la situation*, p. 34.

2e niveau d'analyse : le paraverbal

Dans cette deuxième phase d'analyse, nous recherchons les éléments liés aux indicateurs paraverbaux de l'interlocuteur. En effet, la voix est un formidable indicateur du niveau de tension émotionnelle puisqu'il s'agit d'un « instrument » à vent. Lorsque nous parlons, le diaphragme programme l'inspiration, nos poumons fournissent l'air qui fait entrer les cordes vocales en vibration. Le larynx va s'étirer et se rétracter pour permettre à la personne de générer un son d'une hauteur variable. Les muscles abdominaux, le grand droit, les obliques... viendront, *in fine*, agir sur l'expiration de l'air. Une grande partie de notre corps est donc mis à contribution pour pouvoir produire un son. Comme nous l'avons vu plus haut, lors d'une situation stressante, notre organisme injecte des hormones afin de nous préparer à réagir. Ces hormones viendront par voie de conséquence perturber ce fonctionnement normal de la voix. Cela permet de cerner le niveau de tension de l'interlocuteur lors d'une situation de conflit.

À titre d'exemple, ce sont ces composantes qui viennent perturber la prestation d'un chanteur face à une foule plus ou moins bienveillante. La qualité du public aura un impact sur l'artiste qui ressentira une émotion plus ou moins forte. Des facteurs endogènes (liés à la personne) et exogènes (liés à l'environnement et au contexte) viendront renforcer sa perception de la situation et amplifier l'émotion ressentie. Sa performance habituelle pourra alors être dégradée et laissera transparaître quelques fausses notes. Bien sûr, cette situation aura un impact plus ou moins significatif suivant le niveau d'expérience, de compétence et de confiance du chanteur.

Dans cette phase d'analyse, nous allons rechercher :

➔ **La tessiture vocale.** Il existe six types de voix : basse, baryton, ténor, contralto ou alto, mezzo-soprano, soprano. Dans notre cas nous retiendrons principalement si la personne s'exprime soit avec un niveau sonore haut, qui renvoie à une émotion forte comme la colère ou la joie, pouvant illustrer un comportement plutôt autoritaire et insistant, soit avec un volume sonore faible, qui symbolise des émotions comme la tristesse, le mépris, le sentiment de honte ou des comportements plus introvertis.

→ **Les éventuels accents ou grains singuliers** (exemple dans le film *Taken* et son fameux « Bon chance »).

→ **Le rythme et le débit.** Il s'agit de la vitesse à laquelle l'individu parle. Plus l'interlocuteur parle vite, plus il extériorise ce qu'il vit et ce qu'il projette. C'est le cas pour les émotions comme la peur, la colère et les comportements de nervosité, d'agacement. À l'inverse, si l'interlocuteur parle lentement, il s'agit possiblement d'un sentiment comme la culpabilité, la honte.

→ **Les délais de réponse et les silences.** Il s'agit du temps que la personne prend pour répondre aux questions. Nous partirons du principe que si la personne prend du temps pour répondre, c'est qu'elle est certainement dans une phase d'analyse, de conceptualisation. *A contrario*, si le temps de réponse est très court, que l'individu coupe la parole, il s'agit probablement d'une phase plus émotionnelle et donc réactive.

▷ Le système VAKog

→ **Visuel :** L'individu parle vite, marque peu de silence, car il exprime ce qu'il voit, projette et visualise.

→ **Auditif :** L'individu échange avec rythme et mélodie, associe correctement les temps de pause et les variations d'intensité de la voix.

→ **Kinesthésique :** L'individu communique lentement car il exprime ce qu'il ressent au même moment.

3e niveau d'analyse : le non-verbal

Dans cette troisième phase analytique, nous allons repérer les indicateurs de tensions non-verbaux. Comme évoqué auparavant, il est primordial de les illustrer en fonction du contexte et de la situation.

▹ Le système VAKog

→ **Visuel :** L'individu bouge beaucoup, utilise des gestes amples et positionne ses mains dans son champ de vision. Il réalise des mouvements oculaires rapides. De manière générale, il porte beaucoup d'attention à son apparence, son style vestimentaire et son image.

→ **Auditif :** L'individu possède un mouvement oculaire essentiellement sur l'axe horizontal. Il adopte une gestuelle souple, lente et élégante. Il oriente sa tête vers son interlocuteur lors de l'échange afin de mieux l'entendre. Il n'hésite pas à fermer ses yeux pour se concentrer sur les paroles.

→ **Kinesthésique :** L'individu réalise de nombreux contacts au niveau de son visage, ses mains, ses jambes. Ses gestes sont près du corps et il s'habille de manière confortable et avec des matières agréables au toucher.

▹ Logique émotionnelle/rationnelle

Au cours du XIXe siècle, Paul Broca, neurochirurgien français, et Carl Wernick, neurologue allemand, ont démontré que notre cerveau possède deux hémisphères distincts avec des fonctions spécifiques : le cerveau droit et le cerveau gauche. La partie droite est considérée comme la partie émotionnelle. Elle est liée à l'affectif, l'intuition, la sensibilité et la création. Concernant la partie gauche, elle serait d'ordre plus rationnel, conceptuel, logique en lien avec le raisonnement et le contrôle.

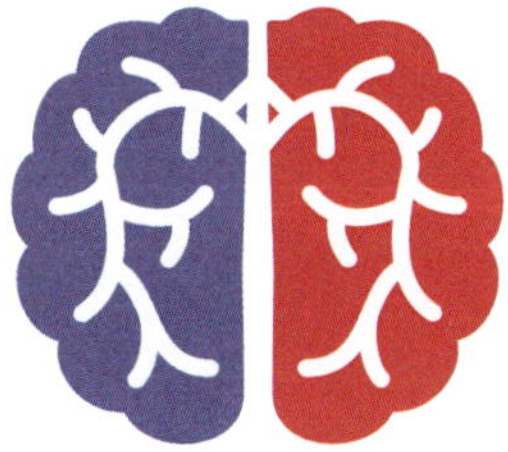

Ces deux aires fonctionnent indépendamment l'une de l'autre, mais sont en étroite relation pour accomplir des tâches complexes. Chaque individu, en fonction de sa personnalité, de son tempérament et de son éducation, aurait une prédisposition pour l'usage d'une aire (côté) plutôt que l'autre. D'un point de vue comportemental, ces polarités sont inversées. Ainsi la partie gauche du cerveau mobilise la partie droite du corps et l'hémisphère droit actionne la partie gauche de l'organisme. Ce fonctionnement inconscient permet de cerner si l'interlocuteur est plutôt dans une dimension rationnelle (usage de la main droite, orientation corps-nuque vers la droite) ou s'il est en phase émotionnelle (action avec la main gauche, inclinaison corps-nuque vers la gauche).

Hémisphère gauche
Côté droit :
processus rationnel,
contrôle

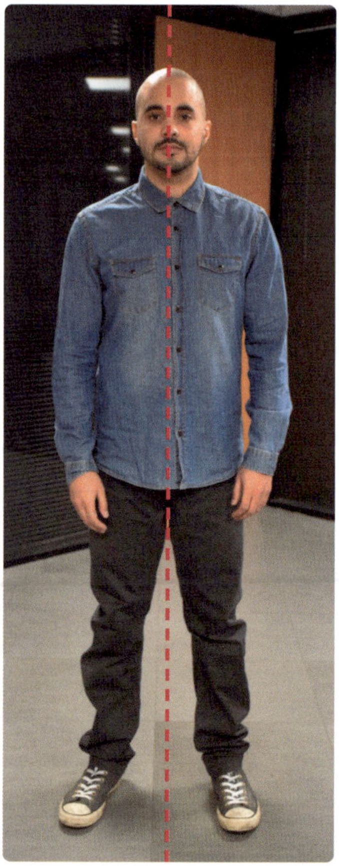

Hémisphère droit
Côté gauche :
processus émotionnel,
créativité, sincérité

Les indicateurs de rupture

Les indicateurs de rupture permettent de cerner un comportement incongru en fonction du contexte, de la situation et des niveaux de langage. Il existe quatre types d'indicateurs[19] :

1 – **Les révélateurs de sens.** Cet indicateur démontre une contradiction entre le verbal et le non-verbal, ce qui permet de révéler ce que la personne pense réellement.

▷ *Exemple : Lors d'un échange houleux à la maison, votre conjoint vous répond « je suis très calme » alors qu'il est très mobile et ne cesse de gesticuler. Ici, le révélateur de sens démontre soit une anxiété, soit de l'agacement.*

2 – **La dissonance cognitive**[20]. Il s'agit d'un gel du comportement face à une tension interne. Cette rupture arrive lorsque l'individu réalise un comportement en décalage avec ses croyances ou sa dynamique de pensée. Le corps réagit alors de manière asynchrone avec les fonctions cognitives.

▷ *Exemple : Une personne est témoin d'une agression physique, elle crie « il faut l'aider », mais se retourne et s'en va dans le sens opposé.*

3 – **Les trahisseurs idéomoteurs.** Cet indicateur nous permet de cerner de petits comportements brefs, rapides, subtils en lien avec un niveau de stress, d'inconfort et d'intensité émotionnelle d'un individu. Il se matérialise souvent lorsque la personne pense ne pas être vue, ou lors d'absence de verbalisation.

▷ *Exemple : Votre collègue vous demande si tout va bien avec votre manager, vous lui répondez « bien sûr que oui » et dans le même moment vous montez vos épaules.*

19 • Frédéric Peucheret, *Conduite comportementale d'entretiens*, Lulu.com, 2013.

20 • Leon Festinger, *A Theory of Cognitive Dissonance*, Stanford University Press, 1957.

4 – **Les indicateurs de tensions.** Ce dernier élément nous permet de détecter des gestes de nervosité ou de compensation qui permettent d'évacuer la tension. Ces gestes peuvent être des contacts sur soi (visage, corps...) ou sur des objets (téléphone, clés, vêtements, armes...).

▷ *Exemple : Vous demandez à votre conjoint si sa collègue est toujours aussi insistante avec lui. Il vous répond que ce n'est plus le cas et que tout va bien... Dans le même moment, il touche son téléphone portable dans sa poche.*

L'activité faciale

Le traitement des informations en lien avec l'activité faciale demande une concentration poussée et de très bonnes capacités d'observation et d'analyse. En effet, les expressions du visage ont un caractère furtif (quelques secondes) et représentent une ou plusieurs émotions à l'instant « T ». Nous vous proposons ci-après une représentation des sept émotions primaires et universelles, à savoir : la joie, la tristesse, la surprise, la peur, la colère, le dégoût, le mépris.

→ Peur :

- Les sourcils sont relevés
- Les yeux sont plus ou moins ouverts en fonction de l'intensité de l'émotion
- La bouche est ouverte
- Grande tension et crispation générale

→ Colère

- Les sourcils sont froncés et ils se rapprochent au niveau du centre du visage
- Les yeux sont ouverts et les paupières sont contractées
- Les lèvres sont pincées, les dents peuvent être également apparentes

→ Tristesse

- Les sourcils sont remontés au centre et abaissés sur les côtés
- Les yeux sont légèrement fermés
- La bouche prend la forme d'un « C » descendant

→ Surprise

- Les sourcils sont complètement remontés
- Les yeux sont grands ouverts
- La bouche forme un « O »

→ Dégoût

- Les sourcils sont abaissés par le centre
- Les yeux sont plissés, presque fermés
- Le nez est retroussé
- La bouche est semi-ouverte
- La lèvre supérieure est remontée

→ Joie

- Les yeux sont plissés
- La bouche est étirée
- Retroussement, gonflement au niveau des joues

→ Mépris

- Il s'agit de l'unique expression du visage asymétrique
- La lèvre est étirée uniquement d'un côté
- Il convient de noter que certains auteurs ne considèrent pas le mépris comme une émotion universelle, mais plutôt comme une émotion apprise puisqu'un nouveau-né ne peut pas *a fortiori* exprimer de mépris.

C • Les comportements d'ouverture, de fermeture et les rapports de transgression

Pour renforcer notre approche de l'analyse comportementale, il convient de mettre en perspective les paramètres vus plus haut et la notion de rapport à l'espace. En effet, la distance entre les personnes et la capacité qu'a un individu à occuper l'espace nous fournissent des indicateurs forts quant à sa réceptivité vis-à-vis de la situation ou, au contraire, sa méfiance ou son désaccord dans l'échange. Nous parlerons alors de comportements d'ouverture lorsque la personne sera dans une phase de confort et d'attention et de fermeture dans le cas contraire.

La proxémie et le rapport à l'espace

La proxémie est une discipline de la psychologie sociale qui permet d'étudier la distance entre les personnes dans les interactions courantes. Dans ses travaux, l'anthropologue américain Edward T. Hall[21] a déterminé qu'en fonction du contexte, de la culture et de la situation un individu aura un positionnement différent vis-à-vis de son interlocuteur. Ainsi, grâce à ses observations il a pu démontrer qu'il existait quatre sphères qui déterminent les distances dans les échanges.

1 – **La sphère intime** correspond à une interaction à une distance inférieure à 45 cm. Ici la perception sensorielle et physique est élevée. Seules les personnes très proches sont « autorisées » à interagir dans cette zone (parents, conjoints, enfants...).

2 – **La sphère personnelle** représente la zone d'échange comprise entre 45 cm à 1,2 m. Cette « bulle » est réservée aux personnes proches (famille, amis, relation professionnelle proche...).

21 • Edward T. Hall, *La dimension cachée*, Seuil, 1978.

3 – **La sphère sociale** correspond aux échanges entre 1,2 m et 3,6 m. Il s'agit des interactions de la vie courante.

4 – **La sphère publique** représente les interactions à une distance supérieure à 3,6 m. Nous pouvons retrouver dans ce cadre les échanges avec un groupe, les prises de parole en public…

Cette distance entre les individus est variable en fonction de l'individu et de la culture. En effet, ces écarts seraient plus importants dans les pays occidentaux, moins importants dans les pays latins (et donc en France) et beaucoup plus faibles dans les pays du Moyen-Orient. Ils seraient également biaisés en fonction de la perception que nous avons de notre interlocuteur ou de son niveau social. Ainsi, de manière naturelle et inconsciente, nous aurons une plus grande proximité avec une personne qui nous met à l'aise ou en confiance, avec qui nous nous sentons en sécurité, et, *a contrario*, nous prendrons de la distance face à un interlocuteur qui nous intimide, nous fait peur ou nous met mal à aise.

Dans le cadre de la gestion des conflits, c'est ce dernier point qui aura une importance cruciale. En effet, la personne en crise viendra perturber cet ordre établi et se permettra de briser le rapport à l'espace de son interlocuteur en s'approchant de lui. Ce comportement de rapprochement, aussi appelé « rapport de transgression », permet ainsi à l'individu d'instaurer un jeu de pouvoir, de s'affirmer par rapport à l'autre et d'établir des comportements ritualisés qui visent à occuper l'espace (attitude de confort). La « victime » de ce comportement adoptera quant à elle une attitude de fuite, afin de se distancier par rapport à l'auteur et de renforcer la notion de rejet et d'inconfort vis-à-vis de la situation vécue.

Ces comportements ritualisés sont des actions réflexes de notre cerveau inconscient (reptilien et limbique), qui permettent d'actionner une réaction mécanique lors d'un rapport de transgression. Le naturaliste autrichien Konrad Lorenz[22], l'un des fondateurs de l'éthologie (étude scientifique du comportement des êtres vivants dans leur milieu naturel), a démontré au travers de ses études que ces pulsions permettent d'augmenter la possibilité de survie de l'espèce et sont hiérarchisées en sept items :

22 • Konrad Lorenz, *L'agression : une histoire naturelle du mal*, Flammarion, 1977.

1 – Le rituel de provocation.
2 – Le rituel d'affrontement.
3 – Le rituel de territoire.
4 – Le rituel de domination.
5 – Le rituel de sélection.
6 – Le rituel de séduction.
7 – Le rituel de soumission.

Dans le cadre des conflits et de l'agressivité, nous nous concentrerons sur le rituel de provocation. En effet, ce cérémonial permet au protagoniste de :

- soit gagner du temps avant de passer à l'attaque et évaluer le risque d'être blessé, les possibilités de gagner et/ou perdre ou de s'orienter vers la fuite afin de ne pas être blessé, mais éventuellement de perdre la face ;
- soit soumettre la personne sans passer à l'acte et ainsi réussir à s'affirmer par rapport à sa « victime » en limitant les risques.

L'individu qui entrera dans ce processus de ritualisation adoptera le schéma comportemental suivant :

- Redressement et extension de la nuque pour paraître plus grand.
- Gonflement du torse et occupation de l'espace pour paraître plus imposant.
- Dilatation des pupilles, augmentation du rythme cardiaque et de la fréquence respiratoire.
- Sudation importante pour permettre la lubrification des muscles en cas de passage à l'acte violent et alerter d'un danger par propagation olfactive des phéromones.
- Diminution de la sensation de douleur physique et contraction musculaire importante pour mobiliser le corps afin de faciliter le cycle de combativité.
- Mise en place de propos excessifs, dégradants, insultants, menaçants afin d'impressionner et redondance dans les propos (effet disque rayé).

Tous ces éléments sont mis en œuvre afin que l'agresseur puisse paraître plus grand, plus fort et plus combatif que la personne qui lui fait face, pour pouvoir obtenir gain de cause, s'affirmer par rapport à l'autre et sortir victorieux de l'échange.

En synthèse, sur ces notions, nous pouvons retenir les points suivants :

Comportement de confort/intrusif/transgressif

- Forte occupation de l'espace.
- Gestes amples.
- Franchissement des sphères intime et personnelle (aller vers l'autre).
- Affirmation de soi importante (tête relevée, contact visuel intense...).
- La tête, le buste et le corps en général sont orientés vers l'avant (intérêt, complicité ou colère, agressivité...).

Comportement de fermeture/fuite/soumission

- Peu d'occupation de l'espace.
- Peu ou pas de gestes.
- Éloignement vers la sphère sociale ou publique (éviter l'autre).
- Faible affirmation de soi (tête baissée, peu ou pas de contact visuel...).
- La tête, le buste et le corps en général sont orientés vers l'arrière (rejet, distance, réflexion, temps d'attente...).
- Posture en opposition (placement d'objets entre les protagonistes – chaise, bureau, livres... –, croisement des bras, mains face à la personne...).

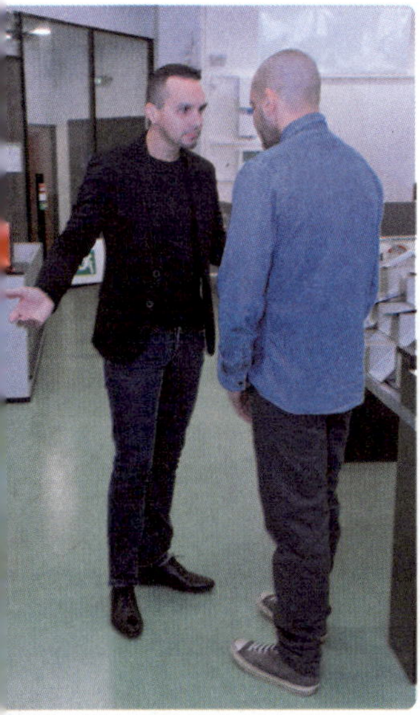

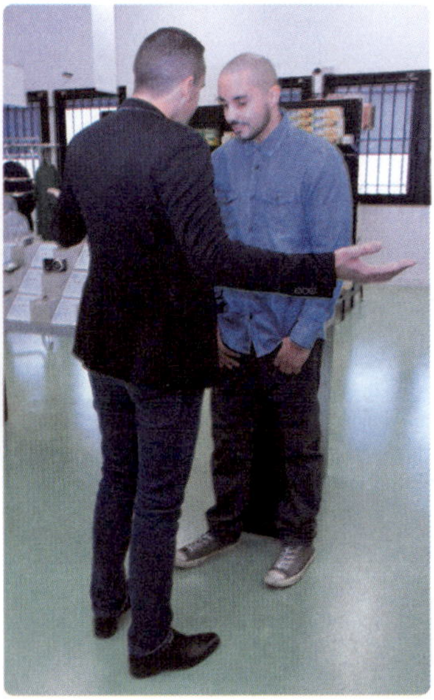

PAROLE D'**EXPERT**

Frédéric **PEUCHERET**

L'analyse comportementale, un atout majeur dans les situations à forte intensité

Bonjour, Frédéric. Vous êtes profiler analyste comportemental, intervenant auprès d'organisations institutionnelles et d'entreprises privées ; pouvez-vous présenter votre parcours ?

Au départ, je viens de la communication interpersonnelle. J'ai exercé en tant que consultant et formateur avant de me réorienter vers les sciences du comportement appliquées à la sûreté, l'investigation et le renseignement. Par goût (et par sollicitations), je me suis spécialisé dans le traitement de situations sensibles, que l'on dit « dégradées », car elles présentent un caractère d'urgence, de dangerosité ou d'enjeux importants.

J'ai suivi des formations spécifiques afin de requalifier mes compétences. Il existait peu de formations académiques (*a fortiori* universitaires) sur ces sujets à l'époque. Il s'agissait donc d'aller piocher dans différentes disciplines afin de créer une expertise pluridisciplinaire dédiée à la gestion de ces contextes si particuliers.

Aujourd'hui, mes champs de compétences sont la détection des comportements suspects et des intentions malveillantes, l'évaluation de crédibilité et la détection du mensonge, les techniques d'entretien et d'interrogatoire et le traitement de sources dans le renseignement humain. D'autres expertises viennent se greffer (menace terroriste, radicalisation, espionnage, intelligence économique, recrutement sensible...), mais ce ne sont en réalité que des contextes d'intervention, car le tronc commun reste le même : le facteur humain.

Concrètement, en quoi consiste l'analyse du comportement observable ?

Globalement, le principe fondamental consiste à observer puis interpréter le comportement de la personne, dans son contexte. L'interprétation doit être à la fois orientée par le besoin (évaluer la crédibilité, la dangerosité, le degré d'adhésion à un propos...), très modérée et la plus objective possible (ce qui est contradictoire avec le principe même de l'interprétation...). S'il n'existe aucun « dictionnaire » du comportement (et en particulier pour ce qui concerne la communication non-verbale), certains comportements peuvent néanmoins être récurrents (statistiquement), et donc plus facilement interprétables. Alors, il devient possible de, non pas prédire, mais envisager des possibilités, des probabilités d'action, si je puis dire. L'idée est de capter les signaux faibles (les comportements inconscients, involontaires, implicites, insignifiants au premier abord...) et de les mettre en perspective avec le contexte.

Mais l'expérience de terrain vient souvent bousculer les méthodologies théoriques, car celles-ci proposent la plupart du temps des modèles qui se veulent universels, mais qui omettent les facteurs environnementaux et la diversité des comportements que peut manifester un individu animé d'une intention malveillante. Aussi, il faut faire preuve d'une grande humilité, et tempérer ses interprétations, surtout si celles-ci ont des conséquences importantes (déclenchement de procédures d'intervention, gestion de l'incident, réaction physique défensive...).

Quels sont les signes annonciateurs d'un conflit ou d'une situation d'agression ?

Ils peuvent être envisagés de deux manières complémentaires :

1 – Tout d'abord, il est nécessaire d'identifier les comportements dits « atypiques ». Ceux-ci désignent des comportements qui sortent de la norme contextuelle. Par exemple : si tous les voyageurs attendent le métro sur le quai de manière statique, un individu qui marche lentement en frôlant les usagers sera alors considéré comme atypique, tout simplement car son attitude est différente, comparée à celle des autres. L'identification de ces comportements relève du système analytique du cerveau (cortex préfrontal, notamment).

2 – L'autre principe consiste à être réceptif à l'intuition, notre meilleure amie en situation de risque et de dangerosité potentielle. Celle-ci relève de notre antenne émotionnelle (notamment à travers l'hypothalamus et l'amygdale) qui fait office d'alarme lorsqu'elle détecte – souvent de manière inconsciente, justement – des comportements qui pourraient suggérer une dangerosité.

Dans tous les cas, les quelques traceurs récurrents dans le conflit et/ou l'agression peuvent être : un changement dans le rapport à la proxémie (l'individu peut se rapprocher de sa « cible »), le buste et la tête peuvent se pencher en avant, les épaules se crisper et s'élever, le visage peut

rougir, les yeux s'écarquiller, la voix s'élever en volume (plus forte) et en fréquence (plus aiguë)... en bref, les comportements stéréotypés du prédateur, du combattant. Tous ces signaux faibles sont en réalité des traceurs de l'émotion de colère et du stress de lutte.
Mais parfois, c'est l'absence de comportement qui doit alerter : alors que l'on attendrait une réaction de l'individu, celui-ci reste statique, distant, froid, mutique. On peut alors imaginer une colère froide, ressentie par un individu qui pourrait « exploser » sans prévenir. Notre cerveau est principalement câblé pour détecter le mouvement, l'action, tout ce qui bouge, tout ce qui « est ». Or, c'est parfois à l'absence de mouvement qu'il faut être réceptif, à ce qui « n'est pas ».

Quelle méthodologie nos lecteurs peuvent-ils mettre en place pour s'exercer à la lecture comportementale ?

Le meilleur exercice reste l'observation d'une personne au hasard, dans une situation donnée (une terrasse de café, dans le train, dans une foule, dans une rue...), d'être attentif à ses variations comportementales et à projeter des interprétations contextuelles. Puis, avec le temps, le cerveau aiguise sa capacité d'observation de manière plus automatique, réflexe. Pour ce qui concerne l'analyse, certains ouvrages de communication non-verbale sont intéressants et scientifiquement fiables. Mais je pense que le meilleur conseil d'apprentissage consiste à regarder des vidéos qui montrent des conflits réels, afin d'en identifier les comportements annonciateurs les plus récurrents sur le volume, et ainsi se faire sa propre bibliothèque de signaux faibles « alerte ».

Si vous deviez donner un seul conseil à nos lecteurs quel serait-il ?

Faire confiance à son intuition !!! Le cerveau est une machine extraordinaire qui a capitalisé sur des millénaires des stratégies de survie et d'évolution. Il sait détecter la menace mieux que n'importe quel modèle théorique, caméra intelligente ou algorithme d'intelligence artificielle, et ce de manière automatique et inconsciente, sans aucun effort de notre part ! Et s'il n'est pas toujours facile de valoriser cette intuition (l'exprimer ou la légitimer dans un contexte professionnel, par exemple), elle reste à mon sens notre meilleure alliée dans la détection des conflits et des agressions.

Merci Frédéric !

2 • FAIRE FACE À L'AGRESSIVITÉ ET RÉSOUDRE UN CONFLIT

A • La prise en charge d'une personne lors d'une situation conflictuelle, agressive, virulente et excessive

Comme nous l'avons vu, les situations de conflit et d'agressivité sont initiées par un élément déclencheur qui va générer de la frustration. Cette frustration va être exacerbée par un ensemble de facteurs cumulatifs, qui sont liés à la personne et/ou à l'environnement ; *ipso facto*, une stratégie de défense et de résistance par rapport à la situation va croître pour l'auteur des faits. D'un point de vue chronologique, nous avions mis ces différents éléments en perspective sur quatre phases importantes, à savoir[23] :

1 – **La phase avant la confrontation,** qui met en évidence les facteurs contextuels, situationnels et personnels. Ces derniers augmentent le niveau d'intensité émotionnelle de l'individu et, *de facto*, sa perception négative de l'événement.

2 – **La phase de montée en charge émotionnelle.** L'auteur de la situation fait face à l'élément déclencheur. Le niveau de tension augmente de manière importante, la personne parle beaucoup, écoute peu et est centrée sur ses attentes.

3 – **La phase de confrontation.** Ici, la personne est excessive, blessante et a une volonté de prendre l'ascendant. Les paroles échangées peuvent être mal comprises ou perçues, chaque protagoniste s'ancre dans sa position. Le risque d'agression verbale et physique est fort.

4 – **La phase de retour au rationnel.** La personne revient peu à peu vers un comportement raisonnable et une situation de communication plus acceptable.

23 • Voir *B • Le fonctionnement de notre cerveau et les situations d'alertes*, p. 23.

Ces différents éléments de genèse nous fournissent des indicateurs pour élaborer une méthodologie d'action. En effet, chaque étape met en lumière un comportement type de l'auteur, ce qui nous permet d'établir un processus de prise en charge pour l'individu en crise. Ce dernier vise à atténuer le niveau de tension émotionnelle et conduire plus rapidement une personne en conflit vers des éléments factuels afin de limiter les excès comportementaux et passionnels.

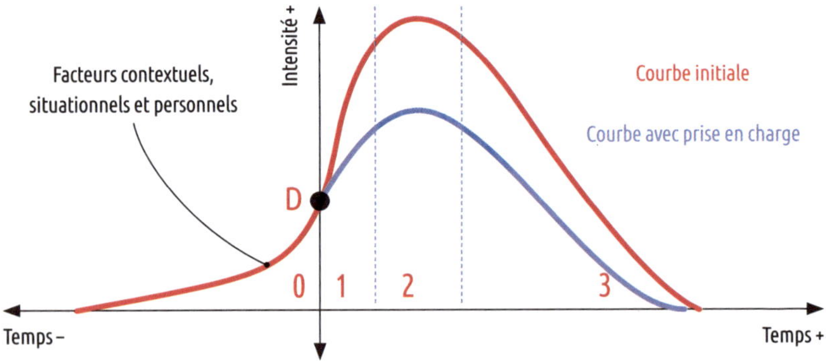

La première étape dans la mise en place de ce processus est en amont de l'altercation. Il s'agit d'une phase de conditionnement mental qui facilitera l'application des principes et techniques du référentiel. En effet, lorsque vous vous préparez à gérer un conflit, l'état d'esprit dans lequel vous êtes joue un rôle essentiel dans l'issue de l'événement. Le sociologue américain Robert K. Merton[24] a démontré, à partir des travaux de son confrère William I. Thomas, que les personnes qui énoncent une prédiction, qu'elle soit initialement vraie ou fausse, adopteront un comportement qui favorisera la réalisation de cette prédiction. Ce phénomène appelé « prophétie autoréalisatrice » par Robert K. Merton met en évidence la nécessité de croire en soi et en l'objectif fixé pour maximiser les chances de réussite.

24 • Robert K. Merton, *Eléments de théorie et de méthode sociologique*, Armand Colin, 1997.

Dans le cas de la résolution des conflits, partir défaitiste et affirmer ne pas avoir les capacités ou la volonté pour réussir à gérer la situation vous assurera une issue négative ; *a contrario*, partir confiant et se dire « je vais y arriver » vous permettra de mettre de côté tout ce qui pourrait perturber votre réussite. Attention tout de même à ne pas être dans une démarche d'excès de confiance en soi. L'idée principale est d'avoir une vision objective, claire, confiante et positive vis-à-vis de la situation. Pour ce faire, quatre affirmations sont à adopter pour créer un cadre positif de résolution d'un conflit.

1 – **Je suis positif, motivé et optimiste pour gérer le conflit.** Vous choisissez de résoudre l'opposition, vous êtes dans une démarche volontaire de ne plus subir la situation. Vous démontrez de la volonté à faire face à l'événement. Cela vous permettra d'affirmer à votre interlocuteur – et à vous-même – votre implication et votre capacité de résilience.

2 – **Je prends du recul par rapport à l'événement.** Les mots que vous allez entendre, les comportements que vous allez voir peuvent blesser, agacer, perturber et le risque de perdre sa clairvoyance est non négligeable. Il est essentiel dans une situation à fort enjeu de rester concentré sur l'objectif et lucide dans l'action. Pour maintenir un investissement personnel adapté, prenez du recul en ventilant vos émotions et votre stress tout en démontrant une implication forte dans la résolution de la situation.

3 – **Je fais preuve d'humilité.** Vous devez rester dans une logique qui favorise la réussite et non une affirmation de soi mal placée. Souvent, lorsque les échanges deviennent difficiles, lorsque vous êtes touché par les propos, vexé par les attitudes, votre « ego » peut prendre le dessus. Il est alors essentiel de ne pas perdre de vue l'objectif que vous vous êtes fixé et de trouver du sens dans vos actions. Il y a *« ce que je veux faire et ce que je dois faire pour résoudre la situation »*, il convient de rester au maximum dans ce que la situation exige. Restez calme, posé et faites preuve

d'humilité, vous vous démarquerez de votre interlocuteur. D'un point de vue pratique, posez-vous cette question : « *Est-ce que je me rapproche de mon objectif ou est-ce que je m'en éloigne en adoptant ce comportement ?* »

4 – **Je me pose les bonnes questions.** Il est primordial de savoir de manière objective quelles sont vos limites, quels sont les mots ou les comportements qui génèrent chez vous de la frustration, de la colère ou de l'agressivité. Rappelez-vous le célèbre « *connais-toi toi-même* » de Socrate. Mieux vous connaîtrez vos réactions dans les situations de tensions, mieux vous pourrez les contenir, les travailler pour pouvoir les améliorer. Voici quelques questions à se poser en guise d'ouverture à la réflexion :

- ➜ Qu'est-ce qui m'agace et comment je réagis ?
- ➜ Pourquoi je m'emporte ?
- ➜ Quelles sont mes réactions lorsque je considère que l'on me manque de respect ?
- ➜ Qu'est-ce que je fais lorsqu'on me coupe la parole ?
- ➜ Quelle est ma réaction lorsqu'on me contredit ?
- ➜ Qu'est-ce que j'attends de la situation et de l'autre ?
- ➜ Jusqu'où je suis capable d'aller si on me pousse à bout (légalement, personnellement, administrativement...) ?

Une fois cette démarche de mise en condition réalisée, il est nécessaire de se référer à des outils techniques qui vous aideront à adopter un comportement efficace et approprié à chaque étape de l'échange. Cela vous permettra de limiter la sensation de perte de contrôle, de garder (reprendre) confiance en vous, d'être en sécurité dans les moments les plus délicats, de recadrer les propos déviants et de guider la personne vers une situation plus raisonnable. Le référentiel que nous vous proposons est simple, accessible, empirique et définit quatre orientations clés lors d'un échange conflictuel :

1 – La posture.

2 – L'analyse de la situation, du contexte et de la personne.

3 – Le recadrage des paroles et attitudes déviantes.

4 – L'orientation vers une solution ou un nouveau cadre de référence.

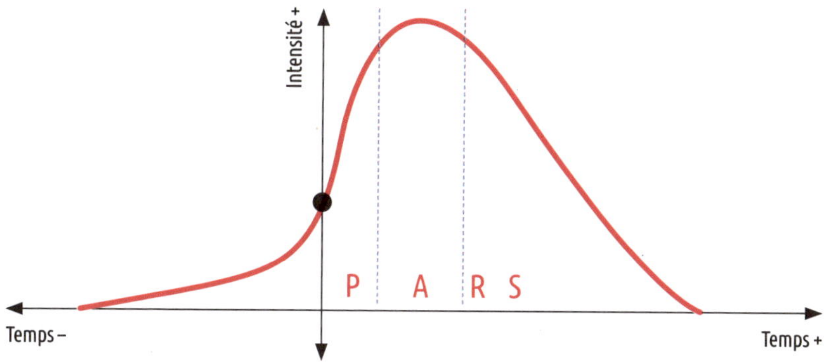

P = Posture : Dans cette partie, il est important de travailler sur l'image que vous renvoyez à votre interlocuteur et notamment votre attitude, vos gestes et vos comportements. Il nous semble opportun de la mettre en corrélation avec la phase de montée en charge puisque votre interlocuteur sera centré sur lui, sur ses attentes et aura pour seul objectif de ventiler sa frustration. Vous aurez donc peu de chance de pouvoir vous exprimer tant que la personne sera dans cette séquence. Il est alors préférable de se concentrer sur des éléments non-verbaux qui permettront de renvoyer une image sereine face à la difficulté. **Le temps de parole sera principalement pour l'individu.**

A = Analyse : La principale erreur lorsqu'on fait face à un conflit est de vouloir trouver une solution de manière immédiate ou de se justifier d'une action sans avoir une vision globale de la situation. Souvent, cette volonté d'écourter la relation pour proposer une orientation est vaine puisqu'on est encore dans une phase de tension. Il manque peut-être des éléments importants pour mieux comprendre la situation et la personne n'aura pas la sensation d'être comprise et écoutée. Cette attitude peut alors agacer ou accentuer le comportement agressif de l'auteur et bloquer d'autant plus la relation.

Cette phase d'analyse de l'élément bloquant intervient dans la phase de confrontation. Comme nous l'avons abordé plus tôt, dans cette partie les paroles échangées peuvent être mal comprises ou perçues et le protagoniste est ancré dans sa position. Pour limiter la mise en place d'un jeu de pouvoir, vous vous efforcerez de :

1 – Laisser parler l'individu pour qu'il puisse continuer à ventiler ses émotions et sa frustration pour lisser sa courbe de tension.

2 – Jouer sur les silences, écouter pour comprendre et donner un sentiment d'implication dans la résolution de la situation.

3 – Récupérer un maximum d'informations sur la personne et sur l'événement pour pouvoir mieux l'orienter par la suite.

Le temps de parole est partagé entre l'auteur des faits et vous. Vous vous concentrez sur la situation.

R = Recadrage : Prendre en charge une personne agressive ou un conflit ne signifie pas tout accepter. Lorsque la personne reprend une conduite plus rationnelle, il sera peut-être nécessaire de rappeler le cadre, d'exprimer ce que vous ressentez et permettre un ajustement des actes pour la suite des échanges. Cette phase de recadrage est mise en perspective avec la phase de décharge émotionnelle. L'auteur des propos sera dans une phase de retour à la normalité et sera plus à même de saisir votre ressenti si celui-ci est exprimé sans injonction ni jugement de valeur. **Le temps de parole est principalement pour vous.**

S = Solution : Dans cette dernière partie, il conviendra de clôturer la situation pour développer une nouvelle relation durable. Vous aborderez donc les phases de validation des propositions, d'acceptation de l'événement et de conduite vers une attitude apaisée. **Vous êtes toujours dans la phase de décharge émotionnelle et le temps de parole est principalement pour vous.**

B • La posture d'attente sécuritaire : un levier de confiance, de sécurité et d'ouverture

Il ne faut que quelques secondes pour qu'une personne se fasse une opinion de vous et cela est d'autant plus vrai lorsqu'on se trouve en situation difficile. Au cours de l'échange, l'interlocuteur va chercher des signes de faiblesse, de tension et d'inconfort qui permettront de renforcer, de manière consciente ou inconsciente, son comportement agressif et excessif pour obtenir gain de cause. Il s'agit des premiers instants de la phase de charge. Les protagonistes s'observent, se jaugent et cherchent à déterminer les faiblesses de l'autre à l'instar d'un combat. Les premiers propos « durs » seront à l'initiative de « l'auteur » et il s'ensuivra un monologue plus ou moins long qui vise à cristalliser la situation. L'interlocuteur sera centré sur lui, sur sa situation, sur ce qu'il vit et n'entendra pas vos éléments de réponse. Vous ne pourrez que très difficilement vous exprimer et dialoguer. Vous ne comprendrez peut-être pas tout ce qui est dit, vous serez certainement perdu, désorienté, surpris et dans une position inconfortable.

Ces éléments contextuels sont à prendre en considération afin d'optimiser vos réactions et vos chances de réussite. Pour ce faire, vous devez adopter une posture qui limite les indicateurs de tensions, renforce la perception positive et assure votre sécurité. En effet, le psychologue américain Solomon Asch[25] a démontré que si l'on a une perception positive d'une personne dans les premiers instants de l'échange, alors on aura tendance à interpréter favorablement ce que l'individu dit ou fait. Cette tendance à percevoir une personne sous un prisme positif est appelée « phénomène de halo ». Notons que le versant négatif de ce phénomène est également vrai. Afin de garantir une perception positive d'une certaine attitude, on devra mettre en cohérence trois éléments : le maintien de la relation dans la situation de tension, la sécurité et la confiance en soi.

25 • Solomon Asch, *op. cit.*

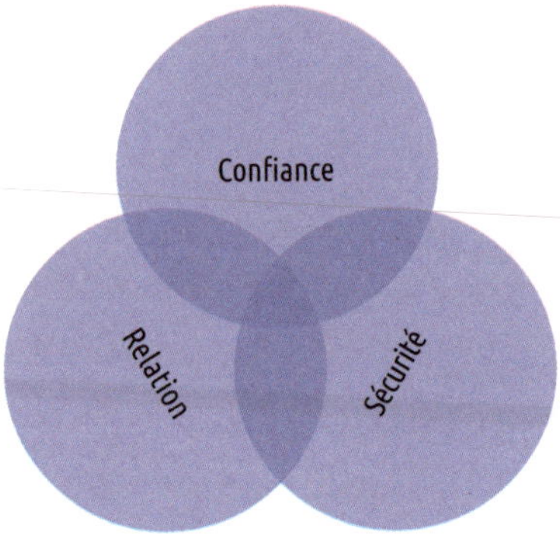

1 – La sécurité

La notion de sécurité est primordiale lors d'un conflit ou d'une situation d'agressivité. Même si ce point peut être minoré (selon les cas) dans le cadre personnel ou avec certains collègues à titre professionnel, il doit être majoré lors des échanges qui sortent du domaine personnel, comme dans la rue et/ou avec des prestataires, des clients, des patients ou des usagers.

Pour améliorer votre prise en compte du risque, vous devez travailler sur le corollaire de la sécurité : la vigilance. Votre degré de vigilance est variable suivant votre activité, votre localisation et vos interactions. Vous serez par exemple plus vigilant en extérieur, de nuit lorsqu'un individu vous aborde, que lorsque vous êtes chez vous avec vos proches dans un cadre plus confortable. Le niveau de votre état d'alerte aura un impact non négligeable sur votre capacité à réagir dans une situation imprévue, puisqu'elle augmente ou diminue l'effet de surprise. Attention tout de même à ne pas développer une approche purement paranoïaque où chaque personne qui vous aborde devient un agresseur avéré. Gardez à l'esprit que le risque de passage à l'acte existe et que vous devez adapter votre comportement en fonction de chaque situation.

Le colonel John Dean « Jeff » Cooper, ancien officier de la marine américaine et adepte du tir de combat sportif, a développé une codification des états de vigilance qui permet d'adapter son degré d'attention en fonction du contexte et de la situation. Son approche propose une hiérarchisation par cinq codes couleur[26].

- → **Blanc :** Vous êtes dans un environnement où vous vous sentez en sécurité, votre niveau de vigilance est très bas. Vous êtes dans une interaction du quotidien à la maison, il n'y a pas de menace ou de risques apparents.
- → **Jaune :** Vous êtes conscient que la situation que vous vivez peut être à risque et vous êtes prêt en cas de débordement. Vous êtes dans une posture d'attente sécuritaire.
- → **Orange :** La situation monte en intensité, vous faites face aux insultes et aux comportements excessifs.
- → **Rouge :** Le risque de passage à l'acte violent est important, la menace est avérée.
- → **Noir :** Vous faites face à une situation à forte tension émotionnelle provoquant un état de tétanie.

Dans chaque variation d'intensité, votre posture doit être modifiée pour garantir votre sécurité physique en cas de passage à l'acte.

2 - Le maintien de la relation

Le deuxième élément majeur dans la mise en place d'une posture adéquate est le maintien de la relation. En effet, tant que la personne n'aura pas perçu que vous êtes concerné dans l'événement, il y aura peu de chance pour qu'elle s'arrête, se calme et s'ouvre à l'échange. Votre posture doit alors démontrer une implication dans le conflit. Vous devez être 100 % concentré, attentif et orienté vers l'autre. Pour ce faire, évitez les comportements d'opposition, les gestes parasites (jouer avec son stylo, vérifier son portable...) et les interruptions répétées (téléphone, échanges avec d'autres personnes...).

26 • Son approche a été reprise par Philippe Perotti dans *Instruction de base au pistolet*, NDS, 2003.

3 – La confiance en soi

Dans cette dernière composante, vous cherchez à affirmer votre comportement par la confiance en vous. Pour ce faire, les deux premiers points vous aideront à renvoyer une image plus confiante. Cependant, en complément de ces notions, vous devrez également avoir un socle de connaissances et de compétences solides pour ne pas être mis en défaut par votre interlocuteur. Il n'y a rien de pire que de se retrouver sans arguments, sans outils, sans éléments ou sans solutions... Cela pourrait vous mettre dans une posture de fragilité que l'auteur des faits va utiliser à son avantage. Plus vous aurez une vision d'ensemble de la situation et des points de connaissances suffisamment élaborés sur l'événement, plus vous aurez de l'estime pour vous et croirez en vos compétences (physiques, énergétiques, émotionnelles), moins vous aurez de doutes quant à votre capacité à faire face et plus vous développerez votre confiance.

1RE POSTURE : **DEBOUT**

BLANC

SITUATION DE LA VIE COURANTE SANS CONDITIONS DE CONFLIT.

Vos deux pieds sont parallèles, vos jambes sont tendues, les mains le long du corps. Lors d'une situation de conflit et d'agressivité, votre temps de réaction sera long et vous aurez de nombreux signes d'inconfort visibles. L'individu pourra s'approcher au plus près de vous (sphère intime) pour s'affirmer. Ce type de posture est à exclure car elle vous expose fortement.

JAUNE

ÉCHANGE SUR UN PROBLÈME,
SITUATION D'OPPOSITION MINEURE OU DE CONTRADICTION.

Vous êtes de trois quarts face à l'individu, les jambes légèrement écartées et abaissées pour une meilleure stabilité. Vous avez un pied à l'avant et un pied à l'arrière. Votre jambe arrière concentre plus de poids du corps (environ 80 %) et votre jambe avant est plus légère. Le buste est légèrement vers l'avant (maintien de la relation). Vos mains sont fluides au niveau de votre zone abdominale. Ce comportement vous permettra de garder l'interaction au plus proche dans la sphère personnelle.

ORANGE

ÉCHANGES CONFLICTUELS ET APPARITION DE COMPORTEMENTS EXCESSIFS, MAIS « GÉRABLES ».

La position du bas du corps et du buste est identique à la phase jaune. Vous modifiez par contre la position des mains qui vont venir se joindre au niveau du plexus solaire. Cette variante permet de mieux canaliser vos tremblements éventuels et de renvoyer une image d'attention, de concentration, d'implication et de confiance vis-à-vis de la situation.

ROUGE

RISQUE DE PASSAGE À L'ACTE VIOLENT IMMINENT.

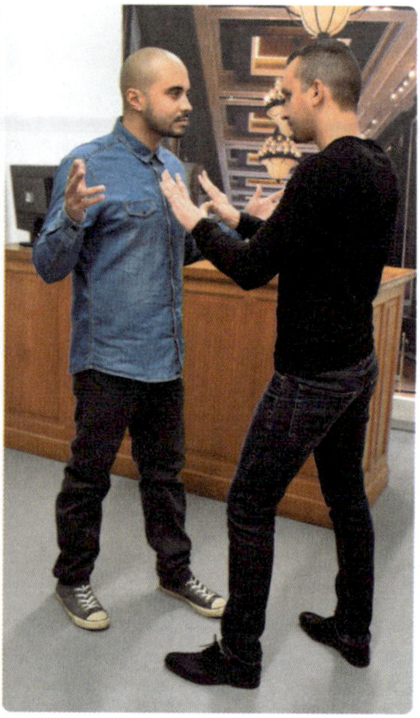

La position du bas du corps et du buste est identique à la phase jaune et orange. À la vue de la menace imminente, vos mains sont remontées au niveau des pectoraux, paumes vers votre adversaire. Cette posture aura deux avantages sécuritaires : d'une part, elle vous permet une meilleure réactivité en cas de frappe et, d'autre part, elle montre aux témoins que vous n'êtes pas à l'initiative de l'altercation (symbole de paix universelle), ce qui peut jouer en votre faveur en cas de passage à l'acte.

2E POSTURE : **ASSIS**

La principale question lorsque vous êtes assis face à une altercation est de savoir si vous devez vous lever ou rester assis. La réponse correcte serait d'adopter l'attitude dans laquelle vous vous sentez le plus à l'aise, il n'y a pas de règle stricte à ce sujet. Certains vous diront de rester assis, alors que d'autres vous indiqueront de vous lever ; tout dépendra de la situation, du contexte et de la personne. À titre d'exemple, si dans le cadre de votre activité, vous êtes souvent assis face au public, il y a de fortes chances que, lors d'un conflit, vous vous sentiez plus à l'aise assis que debout (par habitude, renvoi à la notion de territoire) ; la réciproque est également vraie.

La principale question serait alors non pas *« est-ce que je dois me lever ? »*, mais plutôt *« si je dois le faire, quand dois-je le faire et comment ? »*. Gardez néanmoins à l'esprit qu'il est préférable d'être debout face à une situation de danger imminente (code rouge) pour optimiser son temps de réaction.

→ **1er principe : vous vous levez uniquement lorsque vous avez la parole.** Cela permet d'accompagner votre mouvement et de limiter la rupture dans la relation (passage assis-debout). Si vous vous levez lorsque c'est votre interlocuteur qui parle, celui-ci détectera une incohérence par rapport à la situation et considérera cette situation comme un élément déclencheur, ce qui peut provoquer un renforcement de son comportement vindicatif.

→ **2e principe : vous devez éviter les rapports de rapprochement.** Lorsque vous vous relevez, vous devez éviter d'avancer vers la personne puisque cela crée une transgression proxémique et expose votre visage aux mains de votre interlocuteur.

BLANC

ÉCHANGE SUR UN PROBLÈME, SITUATION D'OPPOSITION MINEURE OU DE CONTRADICTION.

JAUNE À **ORANGE**

ÉCHANGES CONFLICTUELS ET APPARITION DE COMPORTEMENTS EXCESSIFS, MAIS « GÉRABLES ».

Votre dos est droit, un de vos pieds est légèrement sorti de l'axe de la chaise et vous faites une translation latérale vers le côté du pied sorti. Vous revenez à la posture d'attente sécuritaire en station debout (code jaune ou orange, suivant la nouvelle situation créée).

ROUGE

RISQUE DE PASSAGE À L'ACTE VIOLENT IMMINENT.

Le déroulé est identique au code orange, mais la station debout correspond au code rouge et vous vous orientez vers un accès.

Dans tous les cas, ces positions doivent être accompagnées de phrase de soutien de type : « *J'entends...* » « *Je comprends...* » « *OK* » « *Très bien...* » Cela permettra de renforcer la perception de votre implication dans l'événement.

C • L'analyse d'une situation et le séquençage vers le besoin initial

La seconde étape de la prise en charge d'un conflit est l'analyse de la situation. Dans cette partie vous cherchez à comprendre ce qu'il se passe, quelle est la cause réelle du problème, quels sont les éléments liés à cet événement, quelles sont les attentes de votre interlocuteur et quel est votre objectif.

Afin de pouvoir aborder en profondeur tous ces éléments, il faut que le temps de parole soit partagé entre vous et l'auteur des faits et que vous vous focalisiez sur la situation. Or, dans la phase de tension, comme nous l'avons vu en amont, l'intensité est forte, les propos échangés peuvent être mal perçus et chacun peut être centré sur sa vision des choses. Ainsi, il n'est pas rare de commettre ces trois erreurs :

1 – **Couper la parole à l'auteur des faits.** La personne ne supporte plus la situation ni le comportement de l'auteur des faits, elle cherche à prendre la parole coûte que coûte, souhaite (re)prendre l'ascendant et démontre une volonté à ne pas se laisser faire. Ces actions renforcent le comportement d'opposition adverse, accentuent la situation de tension et confirment, bien souvent, le décalage entre les deux visions.

▷ *Exemple : « Mais, mais attends, c'est n'importe quoi ! » « Oui, bien sûr, c'est toujours pareil… » « Je ne peux pas te laisser dire ça. » « C'est impossible que tu me parles comme ça. » « Écoute-moi, c'est pas comme ça que ça s'est passé ! »*

2 – **Rester centré sur soi.** Les accusations et les propos touchent la personne qui subit la situation, dès lors elle cherchera à expliquer, justifier, voire démontrer sa position. L'usage du « je » sera récurrent. À chaque élément nouveau avancé, la personne indiquera son point de vue, sa perception des choses et la manière dont elle vit la situation au détriment du temps de parole de l'agresseur. Cette monopolisation du temps d'échange et ce centrage sur « soi » renforcent la frustration de l'auteur et peuvent le conduire à des dérives comportementales.

▷ *Exemple : « Moi j'y peux rien... » « Vous savez pas ce que c'est... » « J'ai des contraintes aussi... » « Et je fais ça quand ? Comment ? » « Si vous étiez à ma place, vous comprendriez que ce n'est pas simple... » « C'est ce que je te dis, moi aussi je... » « Et pour moi, c'est difficile aussi... »*

3 – **Problème = solution.** Dans les premiers instants de l'échange, nous avons tous tendance à vouloir proposer une solution immédiate au problème de l'auteur. Nous le faisons pour que cela s'arrête et que nous puissions nous dégager de cette mauvaise passe. Néanmoins, cette proposition de solution à court terme sera souvent contre-productive puisqu'elle intervient trop tôt dans la chronologie conflictuelle. En effet, l'agresseur n'aura pas eu la sensation d'avoir été écouté (même si la solution lui aurait convenu initialement) et il manquera des éléments pour proposer une solution acceptable s'il y a lieu.
▷ *Exemple : « Tu t'en fous en fait... » « Tout ça pour ça ?! » « C'est moi qui parle ! » « Tu comprends jamais rien. »*

Ces manquements sont souvent adoptés car la personne qui vit la situation perd ses moyens, son calme et n'a pas de repères méthodologiques dans la crise. Pour limiter ces tendances, nous vous proposons quatre principes à adopter :

1er principe : parler peu, écouter pour comprendre. Dans la phase de tension, votre objectif est de rationaliser la situation. Pour ce faire, il est nécessaire de laisser parler votre interlocuteur. Cela vous permettra, d'une part, de lisser son intensité émotionnelle en le laissant « vider son sac » et, d'autre part, de récupérer des informations sur la situation. Il convient donc de travailler les temps d'écoute et de silence pour comprendre ce qu'il se passe et non pour répondre aux propos (vous aurez la possibilité d'y revenir par la suite). Faites preuve d'empathie afin de confirmer que vous cernez l'événement et la difficulté que la personne vit. Ne mettez pas en doute ses propos et restez neutre et objectif.

2e principe : parler calmement et posément. C'est la base, mais nous avons tendance à l'oublier en situation de tension. Plus vous vous exprimerez de manière calme et posée, plus l'auteur des faits, par mimétisme comportemental, aura tendance à « redescendre ». Ce principe d'« effet miroir » (ou « synchronisation » en programmation neurolinguistique) consiste à adopter le comportement de l'autre de manière consciente ou non. L'objectif est donc de parler moins vite, moins fort et plus calmement que l'interlocuteur en crise.

3e principe : adopter un vocabulaire positif. Nous nous exprimons souvent de manière négative dans le quotidien. Dans les phases de conflit, la dimension négative est déjà bien ancrée, il est alors essentiel de créer de l'ouverture. Cela passe aussi par le choix des mots. L'utilisation d'un vocabulaire positif permet d'aborder le sujet différemment. À titre d'exemple, il est plus approprié d'utiliser le mot « situation » au lieu de « problème ».

– *« Expliquez-moi votre problème »* → *« Expliquez-moi votre situation »*
– *« Ce n'est pas simple ce que vous me demandez »* → *« Nous allons voir ensemble ce que l'on peut faire »*

4e principe : poser des questions. Pour mieux comprendre un événement, il est nécessaire de s'y intéresser, de poser des questions pour mieux cerner la vision de l'autre. Dans des situations positives, nous le faisons de manière naturelle (*« Tu travailles là-bas depuis combien de temps ? » « Tu y fais quoi exactement ? » « Tu l'as rencontré comment ? » « Il s'est passé quoi après ? »*)... Par contre, lors d'un conflit, nous omettons de réagir de la même manière, nous percevons la situation comme un danger et nous ne cherchons pas les éléments qui pourront nous aider à la résoudre plus vite. Ces éléments sont plus facilement récupérés si vous posez les « bonnes » questions.

Il existe différentes formes de questions. Nous retiendrons pour notre réflexion les formes suivantes :

▶ **Les questions fermées :** permettent de récupérer une information précise car elles limitent les choix de réponses (« oui » ou « non », par exemple). Elles impliquent souvent une validation ou un positionnement par rapport à un sujet.

– *« Tu as eu un problème avec Henri ? »*

– *« Ton mari te demande le divorce ? »*

– *« Tu veux que je parte ? »*

▶ **Les questions alternatives :** à l'instar des questions fermées, elles proposent un choix limité de réponses. La différence réside dans la formulation de la question. Cette dernière induit un choix préétabli pour l'interlocuteur. Il s'agit principalement d'une interrogation qui vise à contrôler, guider et influencer le choix de la personne.

– *« Tu préfères Henri ou Bertrand ? »*

– *« Ton mari demande le divorce ou il veut faire une pause pour réfléchir ? »*

– *« Je pars chez ma mère ou je reste à la maison, c'est toi qui vois ? »*

▶ **Les questions ouvertes :** elles permettent des réponses libres et explicatives. Elles sont objectives et laissent l'opportunité pour celui qui y répond de développer son point de vue, sa perception, ses émotions.

– *« Que penses-tu des propos d'Henri ? »*

– *« Comment vis-tu la demande de séparation ? »*

– *« Que faut-il que je fasse pour que tu restes ? »*

▶ **Les questions d'approfondissement :** elles permettent d'étayer le sujet en allant plus loin dans le raisonnement.
Il existe trois types de questions d'approfondissement :

▷ **Les questions miroirs :** elles permettent de répondre à une interrogation par une autre. Cette forme de question facilite la « non-réponse » en réorientant les propos vers celui qui prononce l'interrogation de départ.

– *« Tu as eu un conflit avec Henri ? »*

– *« Avec Henri ? »*

▷ **Les questions ricochets :** elles permettent à la personne de préciser son propos, de mieux s'expliquer.

– « *Ton mari te demande le divorce ?* »

– « *Pourquoi tu me demandes ça ?* »

▷ **Les questions relais :** elles encouragent l'interlocuteur à s'exprimer. Cette forme d'interrogation est particulièrement utile lorsque vous êtes face à une personne qui parle peu.

– « *Je vais partir !* »

– « *Pourquoi souhaites-tu partir ?* »

Maintenant que ces principes ont été posés, il convient de les articuler afin de pouvoir les utiliser à bon escient. Nous avons vu que dans les premiers instants de l'échange, l'auteur des faits est plutôt volubile et centré sur lui. Il sera donc plus facile de le faire parler de sa situation et ainsi repérer les éléments bloquants. Vous devrez utiliser cet atout dans le processus de rationalisation en lui posant des questions pour cerner la causalité et les facteurs cumulatifs liés. La difficulté consiste, finalement, à trouver ce qu'il faut lui dire pour le calmer et l'amener vers une solution. Pour ce faire, vous vous appuierez sur trois étapes :

1 – Chercher l'élément déclencheur (la cause, le problème), en faisant parler l'individu de la situation.

2 – Trier et analyser les informations liées au déclencheur (les facteurs cumulatifs).

3 – Reformuler les propos et valider la suite de l'entretien.

Ce séquençage permet de partir d'un contexte général avec beaucoup d'information et d'affiner la recherche au fur et à mesure vers des indicateurs plus spécifiques et/ou impliquants pour l'interlocuteur. Le déroulement est similaire à un principe d'entonnoir.

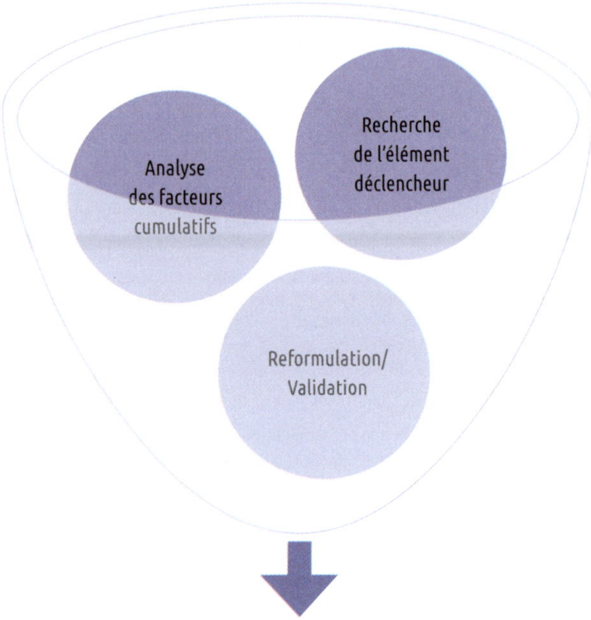

1 – Recherche de l'élément déclencheur

Afin de cerner l'élément déclencheur et recueillir les informations qui y sont liées, nous allons nous orienter, tout d'abord, vers des questions ouvertes. Nous utiliserons ces questions de manière à remonter à la source du problème. Pour ce faire, nous nous appuierons sur la technique des « 5 pourquoi ». Il s'agit d'un outil de résolution de problème utilisé dans les systèmes de pilotage de la qualité. Elle consiste à poser cinq fois consécutives la question « pourquoi » afin de créer un arbre des causes et ainsi remonter à la source de l'opposition.

Dans le cas de la résolution des conflits, il est nécessaire de prendre en compte la composante humaine qui est dégradée. Si vous demandez uniquement le « pourquoi » à la personne, il est possible que l'individu s'agace et/ou considère que vous vous moquez de lui. Pour limiter ce risque, vous adapterez le processus sous un format de question type « ricochets » ou « relais ». Prenons un exemple concret :

Contexte :

Vous êtes manager. Cela fait dix ans que vous travaillez avec Louis, votre collaborateur. Louis est quelqu'un d'impliqué. Il est d'un naturel plutôt vif et satisfait aux attentes d'un point de vue technique même si parfois il y a des écarts relationnels. Il n'est jamais en retard, toujours très en avance. Il s'agit d'une personne d'expérience sur qui vous pouvez compter et avec qui vous avez noué une relation de confiance. Depuis dix jours, vous remarquez que ce dernier arrive en retard. Il s'agit d'un retard important de 20 à 40 minutes. Cette situation pèse sur les équipes et nuit à votre organisation de travail. Vous décidez de le prendre en entretien. Vous êtes au calme, dans votre bureau et vous vous êtes assuré de ne pas être dérangé.

Phase d'analyse :

Vous : Bonjour, Louis, cela fait un moment que nous nous connaissons et tu es toujours arrivé à l'heure ; j'ai remarqué que cela fait plusieurs jours que tu arrives en retard, peux-tu m'expliquer ce qu'il se passe, s'il te plaît ?
Louis : C'est bizarre ta demande, ça arrive d'être en retard, non ?
Vous : Oui, bien sûr, ça peut arriver à tout le monde. J'ai pensé que ce n'était pas ton habitude et j'ai besoin de comprendre ce qu'il se passe. Nous travaillons en équipe et c'est important que tout le monde arrive à l'heure. Donc peux-tu me dire pourquoi tu es en retard depuis dix jours ?
Louis : Ce sont les embouteillages...
Vous : OK, très bien. J'entends. Sais-tu pourquoi il y a des embouteillages de manière récurrente ?
Louis : À cause des travaux, il y en a plein en ce moment.
Vous : Ah oui, effectivement, pourquoi ne changes-tu pas d'itinéraire ?
Louis : Je peux pas !
Vous : Très bien ; pourquoi ne pas partir plus tôt alors ?
Louis : Je peux pas... Maintenant je dois déposer mes enfants à l'école...

...

Synthèse :

Dans ce cas, vous avez posé quatre fois la question « pourquoi » de manière plus ou moins directe et vous avez ainsi pu retrouver la racine du problème. Le collaborateur doit déposer ses enfants à l'école. Il n'est peut-être pas nécessaire (ou souhaitable) d'aller plus loin car le 5e « pourquoi » renvoie à des éléments d'ordre personnel et sort du contexte professionnel. En toute logique, la dernière phase de questionnement pouvait induire deux réponses :

- Soit, un changement d'organisation personnelle, lié à une nouvelle activité, de nouvelles missions ou un nouveau planning pour sa conjointe, ce qui bouscule son quotidien.
- Soit, une rupture ou un moment de vie désagréable qui implique une situation de détresse-souffrance.

Ventilation des pourquoi :

- 1er pourquoi : *Qu'est-ce qui se passe ?*
- 2e pourquoi : même question que la première sous une formulation plus directe : *Pourquoi es-tu en retard ?*
- 3e pourquoi : *Pourquoi il y a-t-il des embouteillages ?*
- 4e pourquoi : *Pourquoi ne pas partir plus tôt ?*

Bien sûr, si l'élément déclencheur est clairement ciblé au bout des premières questions, il n'est pas nécessaire de continuer à interroger l'auteur des faits au risque d'augmenter la situation de tension.

2 – *Recherche des facteurs circonstanciels liés*

Une fois la causalité repérée il est nécessaire de continuer à approfondir l'échange afin de cerner des éléments corollaires importants. Pour ce faire, vous allez chercher les facteurs circonstanciels liés à l'élément déclencheur. Vous utiliserez donc le Qui, Quoi, Où, Quand, Comment, Pourquoi

(QQOQCP) pour renforcer la phase d'analyse. Le « pourquoi » ayant déjà été mis en exergue dans la partie précédente, il n'est pas nécessaire de questionner à nouveau sur ce sujet (sauf s'il y a de nouveaux apports qui le nécessitent). Vous vous concentrerez donc sur le QQOQC. Cet outil est relativement simple à mettre en place si l'on omet la tension du conflit.

Si vous arrivez à définir correctement la situation de blocage, vous pourrez proposer une orientation vers une solution ou un nouveau comportement plus adéquat. Pour rappel, voici un descriptif des différents sujets abordés par ces questions :

- **Qui :** concerne les interactions humaines.
- **Quoi :** représente les faits, l'objet du litige, de la confrontation.
- **Où :** nous pouvons retrouver ici tous les éléments liés à la localisation, au lieu.
- **Quand :** l'individu est focalisé sur la temporalité et la chronologie des faits (passé, présent, futur).
- **Comment :** ici sont concentrés les éléments liés au processus, à la méthode employée.

Continuons cet exemple avec Louis, pour mettre en perspective notre approche.

Phase d'analyse :

...

Vous : J'entends bien. Si tu souhaites parler de ce qu'il se passe, je suis à ton écoute.

Louis : Non, c'est bon.

Vous : Très bien, je comprends. Je me permets donc de revenir sur les retards, combien de temps penses-tu qu'il te faut pour pouvoir t'organiser ?

Louis : J'en sais rien, ça me fatigue tout ça...

Vous : Qu'est-ce qui te fatigue ?

Louis : D'arriver en retard, de courir partout, d'être dans cette situation, pfff !

Vous : Quelqu'un peut t'aider au quotidien ?

Louis : Non, personne...

Vous : J'imagine que ce n'est pas simple, en effet. Comment souhaites-tu procéder pour la suite ?

Louis : J'en sais rien, c'est toi le chef !

...

Synthèse :

Dans cette deuxième phase de questionnement, vous avez pu déterminer de nouveaux éléments. Ces derniers vous éclairent sur la capacité d'organisation de la personne, ses soutiens éventuels et les contraintes de sa situation. Même si le ton reste désagréable, il y a un échange qui vous permet d'avancer sur la situation.

Ventilation du QQOQC :

Quand : *[...] combien de temps penses-tu qu'il te faut pour pouvoir t'organiser ?*

Quoi : *Qu'est-ce qui te fatigue ?*

Qui : *Quelqu'un peut t'aider au quotidien ?*

Comment : *[...] Comment souhaites-tu procéder pour la suite ?*

3 – *La reformulation et l'orientation vers une solution*

Dans cette partie, vous vous situez dans la phase de décharge émotionnelle ; la personne revient peu à peu vers une attitude plus rationnelle, ce qui vous laisse l'opportunité de reprendre la main et ainsi de vous exprimer plus facilement. Cette dernière phase d'analyse vise à mettre à plat l'échange et à cadrer l'événement vers une solution. Vous allez donc poursuivre la discussion en utilisant deux leviers complémentaires : la reformulation et le principe d'engagement.

La reformulation consiste à vérifier le niveau de compréhension sur le sujet abordé et à faire valider, par votre interlocuteur, ce que vous avez entendu. Cela vous permet de vérifier si vous êtes bien en phase avec lui tout en utilisant vos propres mots. Elle est un gage d'écoute et d'implication pour l'auteur des faits. La reformulation permet aussi d'aborder les choses d'une manière plus claire et concise tout en renvoyant l'image perçue de la situation. Il existe plusieurs types de reformulation, nous en retiendrons trois :

1 – **L'écho :** cette forme de reformulation reprend les mots, les paroles de votre interlocuteur.

– « *J'en ai marre, c'est toujours pareil avec toi !* »

– « *Tu en as marre ?* »

2 – **Le reflet :** cette reformulation permet d'aller un peu plus loin et de vérifier votre compréhension du sujet. Elle démontre votre volonté à comprendre ce que vous explique votre interlocuteur.

– « *J'en ai marre, c'est toujours pareil avec toi !* »

– « *Si j'ai bien compris, mon comportement t'agace ?* »

3 – **La synthèse :** cette dernière forme permet de recentrer les propos et de revenir sur l'essentiel du sujet.

– « *J'en ai marre, c'est toujours pareil avec toi, tu fais rien de tes journées, on ne peut pas compter sur toi et tu ne me sers à rien...* »

– « *En résumé, tu me dis que je t'agace ?* »

Une fois la reformulation effectuée, il faut chercher à valider la recherche de solution avec l'interlocuteur. Pour y arriver, vous allez poser plusieurs questions fermées afin de confirmer que la personne est bien dans une logique de résolution. Chaque interrogation a pour objectif d'aboutir à un « oui ». Cette volonté d'obtenir une réponse positive permet de placer la personne dans une dimension positive et travailler sur son engagement à résoudre le conflit. Le principe d'engagement, ou « soumission librement consentie », est un levier de la psychologie sociale développé dans les années 1960 par le psychologue américain Charles Adolphus Kiesler[27] puis repris dans les années 1990 et 2000 par les psychologues français Robert-Vincent Joule et Jean-Léon Beauvois[28]. Ce principe décrit l'engrenage des comportements qu'adopte une personne qui a été influencée dans sa décision. En effet, dès lors qu'un individu aura décidé d'œuvrer d'une certaine manière, il sera difficile pour lui, de changer son point de vue et donc sa dynamique de décision. Il éprouvera un sentiment de responsabilité, cherchera de la cohérence dans ses actions et continuera d'agir de la même manière. Cette dynamique comportementale peut être accentuée par cinq leviers :

1 – **La présence ou non de public.** Un comportement est plus engageant sous le regard des autres[29].
2 – **La répétition de l'action.** Plus la personne répète une action, plus elle aura tendance à adopter la même manière de procéder.
3 – **La valeur accordée à l'action.** Moins l'action est engageante, plus la personne aura tendance à la faire, ce qui la conduira à réaliser des actions beaucoup plus engageantes par la suite par souci de cohérence.
4 – **Le caractère définitif de l'acte.** Plus la personne aura la sensation que son acte est irréversible, plus elle sera ancrée dans le processus une fois l'action commise.
5 – **Le sentiment de liberté.** Si l'individu se sent totalement libre d'accepter le comportement, il aura plus facilement tendance à le faire.

27 • Charles Adolphus Kiesler, *The Psychology of Commitment*, Academic Press, 1971.

28 • Robert-Vincent Joule et Jean-Léon Beauvois, *Petit traité de manipulation à l'usage des honnêtes gens*, Presses universitaires de Grenoble, 1987.

29 • Voir *B • Les facteurs d'émergence d'un phénomène collectif*, p. 37.

La théorie de l'engagement est une technique de manipulation qui est utilisée de manière régulière dans notre quotidien et notamment en vente et marketing. La manipulation est un outil qui vise à modifier le comportement de l'autre. De prime abord, elle n'est ni positive ni négative. Cela dépend de la finalité qui est souhaitée, tout comme un couteau que l'on peut utiliser soit pour faire la cuisine, soit pour agresser quelqu'un.

Afin d'illustrer ces éléments, poursuivons l'échange avec Louis.

Phase d'analyse :

...

Vous : Très bien, Louis. Donc, si j'ai bien compris, cela fait plusieurs jours que tu arrives en retard au travail, puisque tu tombes dans les embouteillages, qui sont eux-mêmes liés aux travaux en cours. Tu ne peux pas partir plus tôt ou changer d'itinéraire puisque tu dois déposer tes enfants à l'école. Est-ce bien ça ?
Louis : Oui, voilà, c'est ça.
Vous : Et tu me dis que c'est à moi de trouver une solution, puisque c'est moi le chef, c'est ça ?
Louis : Bah oui.
Vous : OK. Je te propose que nous prenions quelques minutes pour trouver les solutions possibles ensemble, ça te va ?
Louis : OK.

...

Synthèse

Cette suite de l'échange valide l'orientation vers une solution. Vous avez, par conséquent, utilisé la reformulation sous la forme du reflet, ce qui vous a permis d'exprimer avec vos mots les indices récupérés précédemment et d'en faire une énumération. Puis, vous avez fait valider ces éléments par trois questions fermées. Ces dernières sont visées à appliquer le principe de l'engagement au travers de trois leviers :

1 – La répétition d'une action : les trois « oui ».
2 – Des réponses peu engageantes puisqu'elles reprennent les éléments avancés en amont.
3 – La cohérence du comportement. L'individu s'engage au fur et à mesure à entrer dans un principe de résolution.

D • Recadrer face aux provocations, insultes, contradictions et attaques personnelles

Nous avons traité un cas où la personne suit le raisonnement initial. Mais comment réagir si elle se rebelle, s'emporte, vous insulte ? Il sera nécessaire de recadrer les propos et recentrer la situation.

Le recadrage permet de revenir vers une structure d'échange acceptable pour les deux interlocuteurs. Il favorise la prise de conscience sur les actions, les fautes ou les erreurs qui ont été commises. Il met en perspective les conséquences qui y sont liées et (ré)affirme la volonté de résoudre le conflit.

Pour y arriver, il est primordial de ne pas être dans l'injonction et d'éviter les jugements de valeur. En effet, lorsque vous faites face à un conflit, vous aurez naturellement tendance à employer des ordres pour mettre fin à l'échange houleux. Cette réaction vous procure une illusion de reprise de contrôle, même si, en réalité, cela sera finalement vain. Généralement, les injonctions ou les comportements autoritaires accentuent le comportement vindicatif de la personne en crise et l'orientent vers des actes provocateurs ou intimidants. Il convient donc d'éviter les classiques « *Calmez-vous* », « *Tu me parles pas comme ça* », « *Arrête tout de suite* », « *Tais-toi !* » et s'orienter plutôt vers une forme plus douce et audible comme « *Je n'ai pas compris, on va reprendre ensemble* », « *Je n'aime pas la tournure de l'échange* », « *J'aimerais que l'on revienne à la situation* », « *Je me sens mal à l'aise* ». Effectivement, cette nouvelle formulation plus neutre et centrée sur votre ressenti permet d'exprimer un fait et sera difficilement réfutable pour votre interlocuteur.

L'usage des questions fermées et alternatives peut également être utile lors d'un recadrage puisque celles-ci « obligeront » la personne en crise à se positionner sur la suite à donner ou à valider son point de vue par rapport à la situation. Enfin, une alternance de contenu positif et négatif permettra de maintenir la relation tout au long de l'échange. Il est ainsi préférable d'aborder dans un premier temps un facteur positif (rappel du besoin initial, contexte...), pour ensuite décrire le comportement à recadrer (la faute, l'écart de conduite, la conséquence de l'action...) et, enfin, conclure sur un nouvel élément positif (la résolution de la situation, l'objectif attendu, le nouveau cadre...).

En synthèse, pour réaliser un recadrage lors d'un conflit, il est préférable de :
- Rester neutre, impartial et exempte de jugement.
- Contextualiser et présenter les faits marquants.
- Décrire ce que l'on ressent, ses émotions.
- Démontrer sa volonté de résoudre le conflit.
- Affirmer son implication dans l'événement.
- Renouveler sa confiance pour la suite de l'échange.
- Poser des questions fermées et alternatives pour que la personne se positionne.
- Alterner contenu positif et négatif.

Afin d'illustrer ces propos, reprenons une nouvelle version de l'échange avec Louis.

Phase d'analyse :

...

Vous : J'entends bien. Si tu souhaites parler de ce qu'il se passe, je suis à ton écoute.

Louis : Non, c'est bon.

Vous : Très bien, je comprends. Je me permets donc de revenir sur les retards. Combien de temps penses-tu qu'il te faut pour pouvoir t'organiser ?

Louis : En fait, tu vois, tu t'en fous de moi, tout ce qui compte c'est ton pu**** de travail. Ça fait dix ans que je travaille ici et tu me fais chi** pour trois retards. Ça va, t'es content là ! Ça te fait plaisir ce qu'il se passe ?!

Vous : Pourquoi tu dis ça ?

Louis : Bah, t'es là à faire genre, mais en fait tu t'en fous !?!

Vous : Attends, Louis, je ne comprends pas très bien ce qu'il se passe. Qu'est-ce que tu me reproches exactement ? Est-ce de ne pas m'intéresser à ta situation, ou de te demander des explications par rapport à tes retards ?

Louis : Tu t'en fous de moi !

Vous : OK. Visiblement, tu trouves que je ne m'intéresse pas assez à toi et à ta situation, c'est ça ?

Louis : OUUI, bravo !

Vous : Je suis surpris, car depuis tout à l'heure je t'écoute, je cherche à comprendre ce qu'il se passe et tu as bien voulu m'expliquer que tu vivais une situation difficile en ce moment. Ce qui m'a touché, sincèrement. Je t'ai demandé si tu souhaitais en discuter. Tu m'as clairement dit que tu ne le voulais pas ; à quel moment, selon toi, je ne me suis pas intéressé à toi ?

Louis : Bahh...

Vous : Alors, je te repose la question pour que tout soit clair : souhaites-tu parler de ta situation personnelle ou préfères-tu que nous tentions de trouver une solution à tes retards ?

Louis : Qu'est-ce que tu me proposes pour les retards ?

Vous : Bien. Avant de poursuivre sur les retards. J'ai bien compris que tu étais agacé par tout ce qu'il se passe en ce moment, par contre, je souhaite que, pour la suite de l'échange, on fasse preuve de professionnalisme et qu'on soit vigilants à notre langage. Je n'ai pas vraiment apprécié la manière dont tu t'es exprimé tout à l'heure. D'autant que certains comportements peuvent être sanctionnables, même si ce n'est pas ce que je souhaite faire pour le moment. Je sais que tu es quelqu'un de sérieux et j'ai confiance en ta capacité à te canaliser pour la suite. OK ?

Louis : OK.

...

Synthèse

Dans cette variante de l'entretien avec Louis, vous avez fait face à un comportement plus transgressif qu'au départ. Il était donc nécessaire de réaliser un recadrage avant de poursuivre vers la résolution de la situation. Vous avez donc, dans un premier temps, recentré la situation en posant des questions ouvertes, vous êtes resté neutre et objectif. Par la suite, vous avez synthétisé l'échange et exprimé ce que vous ressentiez. Enfin, vous avez utilisé des questions alternatives pour verrouiller les attentes de Louis, contextualiser l'événement et alterner contenu positif, négatif, positif avec une orientation vers un nouveau comportement plus acceptable.

E • La prise de décision en situation difficile et la construction d'une solution

La dernière étape vers la fin du conflit est de trouver une solution qui soit acceptable et acceptée par les parties. Dès lors, deux cas s'offrent à vous :

- Soit la décision semble évidente pour les deux protagonistes et dans ce cas il n'y aura pas de grande difficulté pour la mise en place d'un processus de résolution.
- Soit il y a un désaccord sur l'action à adopter et il conviendra de trouver un compromis.

Dans ce dernier cas, il est opportun de garder à l'esprit que la charge émotionnelle de l'auteur des faits a été, au cours de la prise en charge, diminuée. Dans la suite de l'entretien, la personne est normalement dans une orientation plus rationnelle et donc plus ouverte au dialogue. Afin de mener à bien la fin de l'échange, voici quelques principes à respecter :

Garder en mémoire que le risque de nouvelles tensions peut exister.
En effet, afin de trouver un accord qui aille dans son sens, votre interlocuteur

pourra user dans certains cas d'injonctions conditionnelles (*« si je fais ça, toi tu fais ça... »*), de chantage affectif (*« tu ne sais pas ce que je traverse, je comptais sur toi... »*), de nouvelles dérives comportementales (agressivité, comportements déviants, insultes, menaces...). Dans ces cas de figure, vous pouvez effectuer un recentrage/recadrage sur l'objet de l'échange comme abordé précédemment.

Ces nouvelles tensions peuvent être aussi liées à un ressenti négatif au cours des discussions. Pour diminuer ce risque, tâchez d'avoir une démarche respectueuse, équitable, cohérente et objective tout en restant ferme sur les points essentiels. Cela augmentera votre crédibilité et la dimension positive de vos recommandations et limitera la sensation de perdre la face de votre interlocuteur.

Délimiter votre champ d'action. Définir vos marges de manœuvre est essentiel dans la proposition d'une solution. Deux cas peuvent se présenter :

a. Vous réagissez à chaud. Votre temps de réaction et réflexion est court. Il sera indispensable de prendre un minimum de recul vis-à-vis de la situation et de vous appuyer sur vos savoirs et savoir-faire pour proposer une solution raisonnable à l'instant « T ». Il est nécessaire ici d'avoir une vue d'ensemble sur les situations passées, une orientation analytique du sujet et une maîtrise de ses émotions. Afin de vous aider, vous pouvez rapidement vous poser ces questions : *« Qu'est-ce que j'attends comme nouveau comportement pour la suite ? » « Quel est mon objectif ? »* Il ne s'agira peut-être pas de la solution idéale, mais elle sera sûrement celle qui convenait au moment présent.

b. Vous avez un peu de temps avant de proposer une solution. Votre temps de réaction et de réflexion est long. Dans ce cas, vous pouvez chercher plus en profondeur une solution. Votre recherche pourra, par exemple, se nourrir des questions suivantes :

- Jusqu'où suis-je prêt à aller ?

- Jusqu'où est-il prêt à aller ?
- Que va-t-il me proposer ?
- Que vais-je lui proposer ?
- À partir de quel moment suis-je satisfait ? Quel est mon objectif ? Qu'est-ce que je recherche ?
- Quelles sont mes limites administratives, légales, relationnelles ?
- Quels sont ses arguments et comment je peux les contrer ?
- Quels sont mes points de force et les leviers à utiliser ?
- Quels sont les risques encourus pour lui ? Et pour moi ?
- Qu'est-ce que je n'accepte pas ?
- Qu'est-ce que j'accepte ?
- Qu'est-ce que je fais si cela ne se passe pas comme prévu ?
- Qu'est-ce qui n'est pas prévu ?
- Quels sont les scénarios possibles ?
- Quel est le bon équilibre entre le maintien de la relation et le traitement du problème ?

Pour ce dernier point, vous pouvez faire une représentation graphique qui vous aidera à analyser vos options de solutions. À titre d'exemple, nous vous proposons la forme suivante :

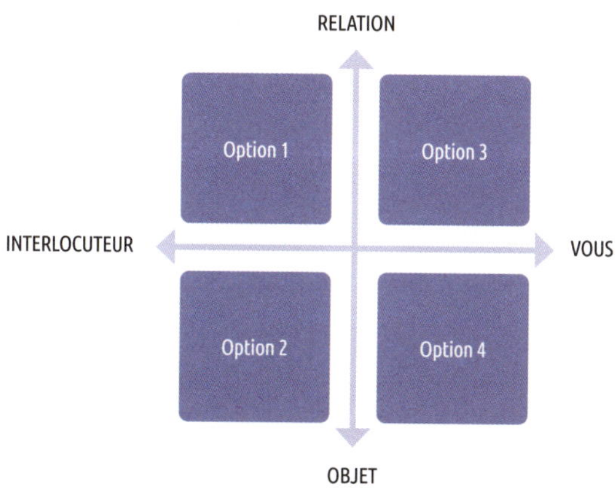

Pas de concession, sans contrepartie. Afin d'éviter la surenchère et de tomber dans une dynamique de demandes de plus en plus importantes ou contraignantes, demandez toujours une contrepartie suite à une concession. Cela vous permettra aussi d'affirmer votre posture et votre crédibilité dans l'interaction puisque vous signifiez à l'interlocuteur votre refus d'entrer dans un échange déséquilibré.

Laisser l'autre exprimer ce qu'il souhaite. Cela permet de responsabiliser la personne. Vous lui laissez l'opportunité de solutionner lui-même l'événement en réalisant une mise en perspective de ses attentes et des potentiels avantages de ses options. Cela amplifiera la relation de confiance et de co-construction.

Mettre fin à la relation. L'échange devient de plus en plus complexe, l'auteur des faits est de mauvaise fois. La rancœur et les mises en cause personnelles sont de plus en plus fréquentes. Visiblement, la personne ne souhaite pas continuer sur un dialogue constructif et orienté vers la solution. Il est alors pertinent de mettre fin à l'échange pour mieux la reprendre plus tard, lorsque les esprits se seront apaisés. Mettre fin à la rencontre demande du courage, du contrôle de soi et une capacité à voir plus loin. Il est important de ne pas le vivre comme un échec, mais plutôt comme une opportunité d'aller au-delà.

Garder la proximité postcrise. Vous êtes enfin arrivé à un accord... génial... Le plus dur est devant vous. Maintenant, il faut s'y tenir, faire ce sur quoi vous vous êtes engagé de manière sincère et volontaire. Il n'y a rien de pire et d'aussi générateur de nouveaux conflits que de se rendre compte que finalement rien n'a changé, que personne n'a tenu parole et que rien n'a avancé. L'adage « faire ce que l'on dit et dire ce que l'on fait » est également vrai dans la résolution des conflits. Si vous vous êtes engagé sur des points précis, donnez des signes d'avancée, proposez un suivi et indiquez des points de contrôle pour vérifier la concordance entre ce qui a été dit et fait. Agir de cette façon, démontrera votre implication dans le mieux vivre au quotidien.

Afin d'illustrer ces derniers points, nous vous proposons de conclure l'échange avec Louis.

Phase d'analyse :

...

Vous : Je te propose de commencer 30 minutes plus tard le matin et donc de finir 30 minutes plus tard le soir. Qu'en penses-tu ?

Louis : Non, ça me va pas, je peux pas... Le soir, je peux pas finir plus tard, j'ai des trucs à faire...

Vous : OK, que proposes-tu alors ?

Louis : Bah, tu décales mes horaires du matin et je verrai pour récupérer plus tard. On comptabilisera les heures manquantes à la fin du mois.

Vous : Louis par souci d'équité et de cohérence pour l'équipe, je ne peux pas faire ça et je ne suis pas sûr que cette solution soit durable aussi bien pour toi que pour moi. En effet, cela risque d'engendrer un trop grand contingent d'heures à rattraper, ce qui pourrait te pénaliser.

Je suis d'accord de maintenir le délai de 30 minutes le matin puisque cela semble te convenir, et j'ai bien entendu que tu ne peux pas finir plus tard le soir. Voici ce que je te propose : le temps que tu puisses prévoir une nouvelle organisation dans ta vie privée, on décale tes horaires du matin de 30 minutes et tu finiras à l'heure le soir. Par contre ta pause déjeuner sera écourtée à 1 heure au lieu de 1 h 30. J'insiste sur le fait que cette solution est valable le temps que tu puisses te réorganiser. OK ?

Louis : OK.

Vous : Combien de temps te faut-il pour que tu puisses prendre tes dispositions personnellement ?

Louis : Je ne sais pas, quinze jours environ, je pense.

Vous : OK, très bien, on se prévoit deux rendez-vous, un dans quinze jours et un dans un mois pour faire un point d'étape. Ça te convient ?
Louis : Oui, je ferai au mieux.
Vous : Parfait. D'ici là, je compte sur toi pour respecter ces nouveaux horaires. Je m'occupe d'échanger avec l'équipe sans évoquer ta situation personnelle en détail.
Louis : Merci.

Synthèse

Dans la conclusion de l'échange avec Louis, vous avez pu proposer un premier élément de réponse pour résoudre le conflit. Ce dernier n'a pas convaincu votre interlocuteur. Vous l'avez alors invité à proposer une autre issue. Naturellement, ce dernier s'est orienté vers une solution qui allait pleinement dans son sens. Cependant, son option pouvait générer des situations dommageables pour lui et vous à moyen et long terme.

Vous avez alors effectué une concession pour la prise de service retardée et la fin de service qui ne pouvait être modifiée à la demande de Louis. La contrepartie résultante de ce choix est de réduire la pause déjeuner de 30 minutes de manière temporaire, ce que votre interlocuteur a accepté. Enfin, vous avez proposé un suivi au travers de deux entretiens qui vous permettront de réajuster les options au cours du temps.

Bien sûr, d'autres solutions auraient pu être proposées et chacun pourra effectuer son choix en fonction de sa personnalité, de ses valeurs et de son système de croyances. Dans cet exemple, il a été choisi, dans un premier temps, de maintenir la relation en limitant l'aspect sanctions/procédures. Cela prouve à Louis que vous avez entendu sa problématique et l'engage à adopter un nouveau comportement. Si la situation persiste, vous aurez toujours la possibilité de vous recentrer sur l'objet et prendre des mesures plus restrictives.

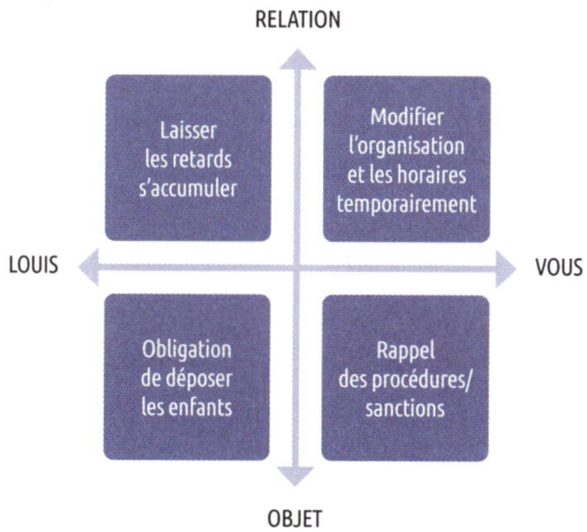

F • Le logigramme d'action

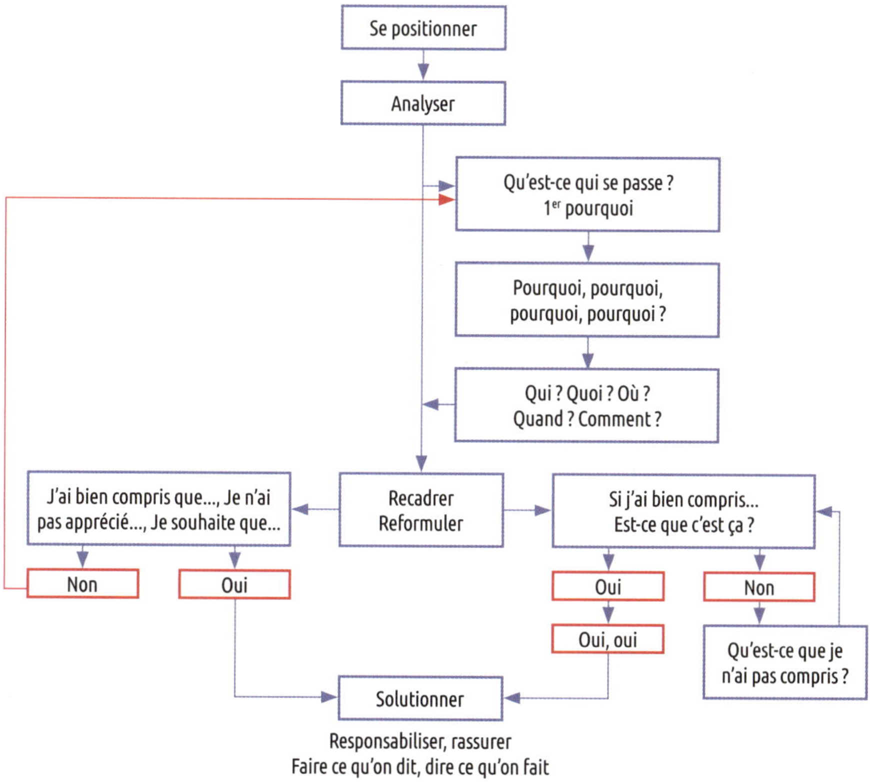

EXERCICE PRATIQUE :

La principale difficulté dans une situation de conflit est de trouver les bons mots, les bonnes questions. Afin d'améliorer votre rhétorique, nous vous proposons l'exercice suivant :

Prenez trois feuilles ou dressez un tableau avec trois colonnes. Sur la première, notez ce que les personnes vous ont dit et ce qui vous a mis en difficulté. Sur la deuxième, mentionnez ce que vous avez répondu, votre état d'esprit et vos émotions. Enfin, sur la dernière feuille, indiquez ce que vous auriez dû/voulu répondre ainsi que l'émotion et l'état d'esprit que vous souhaitez dégager. Effectuez cet exercice après chaque incident, chaque jour, toutes les semaines et aussi souvent que vous le souhaitez, cela vous permettra de diminuer votre temps de réaction, d'optimiser votre réponse et de vous sentir plus confiant quant à votre capacité à faire face au conflit.

Ce qu'il m'a dit :	Ce que j'ai répondu : ✗	Ce que j'aurais dû répondre : ✓

ÉTUDE DE CAS CONCRET :
Faire face à un conflit dans le couple

Vous êtes chez vous, devant la télévision à regarder le dernier épisode de la dernière saison de votre série préférée. Votre épouse rentre du travail et semble fatiguée, agacée. Elle ne vous adresse que très peu la parole. Quelques commentaires ironiques, voire sarcastiques apparaissent, comme : *« Ça va, tranquille ? » « Elle est bien la série ? On dirait en tout cas, t'es bien concentré... » « Surtout, ne te fatigue pas trop... »* Vous commencez à vous agacer, vous ignorez la plupart des propos ou répondez par l'affirmative. Vous recevez un message sur votre portable. Vous le lisez et reprenez votre activité. Votre conjointe se place à environ 2 mètres de vous et vous interpelle :

Conjointe : Tu réponds pas ?
Vous : Non, je regarde la TV, pourquoi ?
Conjointe : C'est peut-être moi qui te gêne ?
Vous : Pourquoi tu dis ça ?

Votre conjointe vous répond d'une manière vive et s'emporte

Conjointe : Tu as très bien compris, c'est bizarre en ce moment, t'as changé, tu n'as pas de temps pour moi, par contre pour regarder la TV... là, il n'y a pas de soucis. Et puis c'est quoi tous ces messages que tu reçois ? Hein ? T'es toujours sur ton portable ! Tu réponds jamais quand je suis là ?!
Vous : Non, mais attends...

Elle vous coupe la parole

Conjointe : Tu rentres tard, tu me dis plus rien, t'as pas de temps pour moi, mais par contre pour tes « MESSAGES »... Moi je dois rien dire, c'est ça ? Tu me prends pour une co*** ? Tu crois que j'ai pas compris ?

Vous mettez votre série sur pause, vous vous tournez vers elle et adoptez une posture d'implication et d'écoute. Vous restez calme et serein

Vous : Que tu n'as pas compris quoi ?
Conjointe : Que tu t'en fous de moi maintenant !
Vous : Pourquoi tu dis ça ?

Conjointe : On ne fait plus rien ensemble, tu es tout le temps sur ton téléphone, tu me dis plus rien, j'ai l'impression que...

Vous : Tu as l'impression que quoi ?

Conjointe : Je suis certaine que tu as quelqu'un d'autre.

Vous : Ah... je suis sincèrement désolé de t'avoir donné cette impression et je peux comprendre que tu sois en colère si c'est ce que tu penses. Si j'ai bien compris, tu me reproches de voir quelqu'un d'autre parce qu'on ne passe plus beaucoup de temps ensemble en ce moment ; c'est ça ?

Conjointe : Oui, c'est ça ! Et ton téléphone qui sonne tout le temps...

Vous : Et tu penses que les messages que je reçois et auxquels je ne réponds pas sont ceux de la personne que je vois potentiellement ; c'est ça ?

Conjointe : Bah oui, sinon pourquoi tu ne réponds pas quand je suis là...

Vous : OK. Alors pour répondre à tes questions et pour clarifier la situation...

Conjointe *(en lui coupant la parole)* **:** ... Bah, j'espère bien !

Vous : Écoute, depuis tout à l'heure, je cherche à comprendre, je t'écoute et j'ai bien compris que tu souffres de cette situation. Je veux bien en discuter avec toi, mais j'aimerais que tu écoutes ce que j'ai à te dire. Ça te va ?

Conjointe : OK ! Vas-y, je t'écoute...

Vous : Je ne vois personne d'autre et il ne se passe rien avec qui que ce soit. D'ailleurs, si tu le souhaites, tu peux regarder et lire les messages que je reçois. Je n'ai rien à cacher. Il s'agissait de messages professionnels et je ne voulais pas polluer, encore plus, notre vie privée avec le travail. Je suis désolé si j'ai pu te laisser croire que j'avais quelqu'un d'autre. Tu es la seule personne qui compte pour moi et je suis sincère. Maintenant, j'ai bien entendu aussi que tu trouves qu'on ne passe plus beaucoup de temps ensemble et que tu souhaites que ça change. C'est bien ça ?

Conjointe : Oui, c'est ça.

Vous : Alors, que veux-tu que je fasse pour renouer la confiance entre nous ?

Conjointe : Que tu passes plus de temps avec moi et que la prochaine fois tu m'expliques que ce sont des messages du travail. Je peux comprendre si tu me parles.

Vous : OK, très bien, je le ferai. Je vais essayer de prendre quelques jours pour que l'on puisse passer des moments ensemble. Je ferai également plus attention lorsque je rentre le soir pour que l'on puisse faire des activités ensemble. J'aimerais aussi pour éviter tout malentendu que l'on prenne plus de temps pour discuter. Qu'en penses-tu ?
Conjointe : OK, ça me va. Désolée de m'être emportée.

Dans ce cas concret, votre épouse s'en prend à vous car divers éléments laissent penser, à tort ou à raison, que vous fréquentez quelqu'un d'autre. Cette perception a été amplifiée par le manque de temps passé ensemble.

Dans la phase de résolution, vous avez adopté une posture qui transmet de la confiance (calme et serein), de l'implication et de l'écoute pour maintenir la relation (la notion de sécurité a été minorée puisque la situation ne l'exigeait pas). Vous avez posé des questions ouvertes pour cerner la cause du conflit et évacuer la tension émotionnelle. Vous avez reformulé et recentré les propos sur l'objet. Vous avez également pris du temps pour parler de la situation avant d'expliquer votre point de vue. Vous avez par la suite exprimé ce que vous ressentez et vous avez verbalisé l'émotion de votre conjointe. Enfin, vous avez proposé des éléments de solution et la situation s'est apaisée.

PAROLE D'**EXPERT**

Jean-Pierre **VEYRAT**

L'importance des outils qui fonctionnent dans une crise relationnelle

Bonjour, Jean-Pierre, pourriez-vous nous présenter votre parcours et votre activité, s'il vous plaît ?

Je suis conseiller spécialisé en négociation conflictuelle et en management de crise, en même temps qu'expert en analyse du comportement observable et en élaboration de profils comportementaux. J'ai fondé deux méthodes de formation : T.I.N.A (*there is no alternative*), en négociation, et l'analyse morphogestuelle (AMG), en analyse du comportement observable. Je suis l'auteur de trois livres sur ces deux thèmes.

Mon parcours s'est tôt orienté vers la formation, d'abord à la vente pour les forces de vente de nombreuses entreprises nationales avec la « méthode des 3 non », fondée dans les années 1980 et devenue depuis une méthode dédiée aux formateurs d'écoles de vente interne. Puis, après avoir été sollicité dans des structures gouvernementales pour des situations de crise, je me suis spécialisé dans les domaines de la négociation et du *profiling* comportemental. Cette spécialisation s'est très vite étendue aux entreprises confrontées à des contextes commerciaux et sociaux de plus en plus dégradés.

J'exerce maintenant auprès de grandes entreprises pour le conseil et la formation de managers commerciaux et de négociateurs. J'interviens également dans certaines institutions gouvernementales en négociation de crise et en vidéosurveillance.

Pouvez-vous nous expliquer les grands principes de votre approche de la gestion des conflits ?

J'ai voulu mettre en lumière le rôle fondamental de la tension dans l'instauration, le déroulement et la résolution d'une crise. Beaucoup occultent cette donnée alors que, par définition, gérer une crise signifie d'abord que l'on n'est pas d'accord et que chacun veut le faire savoir par la confrontation intellectuelle et jusqu'à la violence dans certains cas.

Quels sont les éléments primordiaux pour réussir sa résolution des conflits ?

Pour résumer, je dirai que cela passe d'abord par l'acceptation du conflit comme facteur positif d'affirmation de ses revendications ; ensuite, il faut cesser d'être systématiquement dans une posture défensive dans le traitement d'un différend ; ce qui signifie devenir capable d'inverser les rôles et oser être celui qui déclare son désaccord, sans aussitôt redouter une rupture. Enfin, avoir une grande compréhension des contextes dans lesquels les conflits éclatent.

Quels sont les outils à maîtriser pour garantir un résultat positif ?

J'attache une très grande importance à donner autant de place à une approche purement cognitive de la gestion des conflits qu'à une approche émotionnelle de leurs protagonistes. Il faut absolument connaître aussi bien toutes les stratégies, techniques et tactiques qui président à la résolution objective d'une crise, que les facteurs psychologiques qui vont conditionner son déroulement.

A *contrario*, lors d'une crise que ne faut-il absolument pas faire ?

Être dans une vision « tunnel » ou, plus vulgairement, être « comme une poule devant la planche », c'est-à-dire n'avoir aucun recul par rapport au problème posé et devenir incapable d'en faire une autre lecture. Détourner la négociation de son sens premier de satisfaction mutuelle des intérêts de chacun, pour s'en servir uniquement à acheter la paix, quitte à ce que ce soit à son détriment. Ou encore, tout mettre sur le compte des individualités au point de rendre la situation insoluble.

La prise en compte du comportement humain en situation de crise est-elle essentielle pour garantir la résolution ?

Évidemment. Dès lors que les personnes concernées ont préalablement maîtrisé les processus de déroulement d'un conflit ou d'une crise, ce sont bien leurs aptitudes à la tolérance au stress, à la décision, à la communication qui en garantiront la bonne exécution et une résolution efficiente. Car, au final, quelle que soit la gravité du problème, c'est l'approche du négociateur qui influencera le cours des événements. Si un bon négociateur n'est pas forcément un gage de réussite (tout n'est en effet pas négociable), un mauvais est quant à lui une garantie de complications et d'effets néfastes.

Selon vous, quelles sont les trois étapes fondamentales pour réussir sa négociation ?

Contrairement à la négociation dite « normale », la priorité devient le versant psychologique, car rien ne peut être résolu tant que l'irrationnel l'emporte.
Une fois que les acteurs en crise sont entrés dans la phase de raison, la deuxième étape devient la recherche de la meilleure démarche à adopter pour donner un rythme et les amener à négocier dans les meilleures conditions.
La troisième condition à la réussite d'une négociation est de tenir compte de la logique d'honneur ou de contrat qui guide l'état d'esprit de la partie adverse dans sa volonté de conclure.

Que conseilleriez-vous à nos lecteurs ?

Jeter un autre regard sur les rapports de force qu'ils vivent quotidiennement et mieux discerner les possibilités d'action qui s'offrent à eux tant sur le plan des techniques que des comportements. Être également conscients des signaux qu'ils renvoient eux-mêmes en situation de crise.

Pour conclure, si le lecteur ne devait retenir qu'une seule chose, quelle serait-elle ?

Les périodes troublées ont la particularité d'obliger les managers à des décisions difficiles qui remettent complètement en cause leurs schémas habituels, en même temps qu'elles sollicitent leurs réelles capacités au leadership et au management en situation critique.
Car une crise est pour chacun :
- un moment de rupture ;
- un moment toujours difficile de vérité ;
- et surtout un moment de révélation quant aux aptitudes des uns et des autres à y faire face !

Merci Jean-Pierre !

Jean Pierre **VEYRAT**

T.I.N.A. Un modèle de négociation en situation conflictuelle,
Éditions Negorisk, 2018 (2e édition)

3 • INTERVENIR EN « FACILITATEUR » DANS UNE SITUATION DIFFICILE

Jusqu'à maintenant, nous avons abordé la résolution des conflits en partant du principe que vous étiez seul, en face à face, lors de la confrontation. Mais comment réagir lorsqu'on est témoin d'un conflit, que l'on souhaite aider, soutenir et sortir un collègue, un ami ou son conjoint d'une situation difficile ? Dans cette partie, nous nous concentrons sur la posture et les outils techniques à adopter pour venir en aide à une tierce personne. En effet, dans ce cas de figure, la difficulté réside dans deux notions : la temporalité d'action et la méthodologie de prise en charge.

A • La temporalité : quand faut-il intervenir pour soutenir la « victime » ?

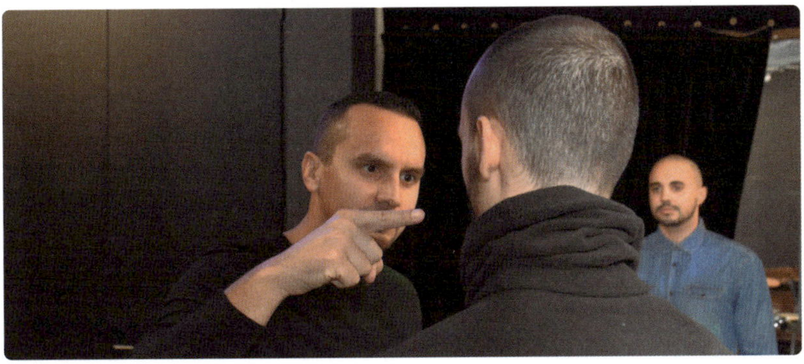

Savoir quand venir en aide à une personne lors d'un conflit n'est jamais aisé. En effet, deux hypothèses peuvent se présenter :

– **Vous intervenez trop tôt** dans l'échange et vous frustrez votre partenaire puisqu'il n'aura pas eu le temps de mener à bien la résolution de la situation. Ou vous risquez de le décrédibiliser puisque l'auteur des faits pourrait interpréter votre intervention comme un manque de légitimité de son interlocuteur initial.

– **Vous intervenez trop tard** et votre ami, collègue ou le membre de votre famille vous en fera le reproche. Ce dernier aura eu la sensation d'être seul dans la difficulté, ne pas avoir été soutenu et cela nuira à votre relation avec lui.

Trouver le « bon timing » demande de l'expérience, de la clairvoyance, de l'intuition et aussi (surtout) de la technique. Afin de trouver le moment idéal pour venir en renfort, vous pouvez travailler sur trois points :

1 – **La communication et la concertation.** On ne le dira jamais assez, mais la communication permet d'éviter de nombreux moments de blocage. Dans votre cas, il est souhaitable d'échanger avec les personnes qui vous entourent pour cerner les points forts et les axes de rupture de chacun. Discuter avec autrui de ses limites et faiblesses qu'elles soient techniques, administratives, procédurales ou relationnelles (tolérance aux insultes, aux menaces et à la proximité...) permet d'être plus réactif lors d'un conflit. Cet échange doit aider à s'ouvrir à l'autre pour mieux réagir au quotidien, il doit donc être exempt de tout jugement. Cette phase de réflexion collective doit aussi clairement établir qui intervient sur quelle situation afin de limiter une confusion éventuelle lors de l'événement.

2 – **Trouver un indicateur d'alerte.** Au cours de cette phase de concertation, il est opportun de déterminer un indicateur d'alerte pour déclencher l'intervention. Cela permettra de limiter le doute sur la nécessité d'un soutien et rassurera toutes les personnes présentes. Cet indicateur peut être visuel – vous pouvez par exemple reprendre les éléments de posture[30] vus et mentionner que la position des mains indique le niveau de tension (par exemple : mains libres/jaune – facile ; mains jointes/orange – difficile, mais gérable seul ; mains en opposition/rouge – besoin d'aide). Il peut être aussi

30 • Voir *B • La posture d'attente sécuritaire : un levier de confiance, de sécurité et d'ouverture*, p. 77.

verbal avec la prononciation d'un mot clé afin d'avertir que l'on est dans une position inconfortable. Celui-ci doit être suffisamment neutre pour ne pas éveiller les soupçons de l'auteur des faits et suffisamment technique ou spécifique pour alerter collègues, amis ou partenaires.

3 – **Développer son intelligence situationnelle.** Enfin, pour optimiser la réaction des partenaires, il est également indispensable de prendre en considération son emplacement et sa localisation. Ainsi, il est préférable de se positionner ou d'organiser son espace de travail ou de vie de manière à faciliter la vision de chacune des parties prenantes. À titre d'exemple, que ce soit au travail ou dans la vie courante, la prise en compte des caméras de vidéosurveillance permet d'optimiser son positionnement afin de limiter les passages à l'acte violent (éléments dissuasifs) et garantir des éléments de preuve le cas échéant (utilité lors d'un dépôt de plainte).

B • La méthodologie : comment reprendre la situation en main ?

La deuxième difficulté est de savoir comment prendre en charge la personne en crise alors que votre partenaire est présent. Les principales questions que l'on peut se poser sont par exemple : *où et comment dois-je me positionner ? À qui faut-il parler en premier ? Comment ne pas gêner mon collègue ? Mon intervention va-t-elle empirer la situation ou pas ?...* Toutes ces interrogations sont naturelles si vous n'avez pas de processus clair à appliquer.

Pour commencer, lorsqu'on intervient en « facilitateur » dans un conflit, la variable temps est un formidable allié. Vous aurez, assurément, un temps de retard par rapport au début de la situation puisque vous n'êtes pas l'interlocuteur initial. Cela signifie que lorsque vous arrivez dans l'échange l'auteur des faits est bien avancé dans la chronologie conflictuelle. Il aura passé la phase de charge et sera en début ou en fin de phase de tension. Son intensité émotionnelle sera possiblement en phase descendante et il devra analyser et s'adapter à la nouvelle situation créée. Ces différentes composantes et ce délai d'intervention vous permettent de reprendre le contrôle sur l'événement plus facilement.

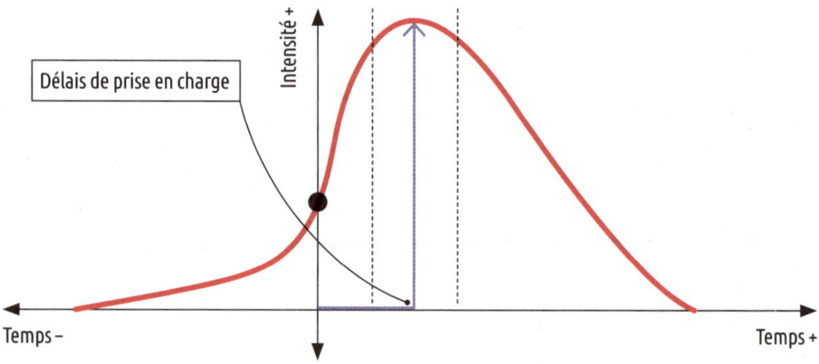

Pour mieux comprendre l'interaction vécue, il est utile de se placer du point de vue de l'auteur des faits et de la personne en charge pour avoir une vision plus précise de l'événement et, *ipso facto*, trouver la réponse la plus adaptée.

L'auteur des faits est en crise puisqu'il estime être lésé dans la situation. Il se considère comme une victime et voit son interlocuteur comme un agresseur, un danger. Pour lui son action est justifiée par rapport à sa demande initiale. Il perçoit la personne qui intervient en facilitateur comme un soutien pour lui et un allié pour résoudre son problème.

La personne qui gère la situation se considère elle aussi comme une victime. Elle pense ne pas mériter ni cette situation ni les agissements de son agresseur. Lorsque la tierce personne intervient, elle le perçoit également comme un soutien pour apaiser l'échange et prendre en charge la personne en crise.

Nous pouvons constater que, dans les deux cas, le « facilitateur » sera perçu comme une personne support qui sera d'une aide précieuse pour résoudre la situation. Sa posture d'interlocuteur ressource est clairement établie de chaque côté de la confrontation, ce qui lui confère de la crédibilité.

Ce phénomène psychologique est décrit par le psychiatre et psychologue américain Stephen Karpman[31]. Il est appelé triangle dramatique et il s'agit d'un des « jeux psychologiques » de l'analyse transactionnelle. Cette théorie met en avant que toute personne dans un scénario de communication dysfonctionnel peut adopter trois rôles qui perturbent d'autant plus les échanges. Ces rôles sont :

- **Le persécuteur (ou bourreau).** C'est celui qui est en colère. Le persécuteur accuse, critique et oppresse la « victime ». Dans la situation conflictuelle, il est perçu comme celui qui a l'autorité et décide de la suite à donner.
- **La « victime ».** Ce rôle exprime souvent une dimension émotionnelle négative. Les personnes qui l'adoptent auront un comportement victimisé et un sentiment d'impuissance dans la situation vécue. Elles se sentent opprimées et sont incapables de résoudre la situation conflictuelle.

31 • Stephen Karpman, « Fairy Tales and Script Drama Analysis », 1968, disponible sur www.karpmandramatriangle.com.

- **Le sauveur.** Rôle à dimension positive, il est celui qui résout les problèmes, qui vient en aide à la « victime » et prend en charge le persécuteur.

Dans notre étude et afin de mieux comprendre ce phénomène, nous nous placerons du point de vue de l'auteur des faits. En effet, cette vision nous permet de mieux cerner ses attentes et sa posture avec les autres. Le scénario relationnel sera alors :

- L'auteur des faits est dans une dimension émotionnelle négative, il se plaint et se victimise par rapport à la situation. Il se sent lésé et pense que personne ne comprend sa situation et ce qu'il vit. Il considère la personne en face comme celle qui le persécute, qui lui veut du mal ou qui ne lui donne pas gain de cause. Ce comportement, outre l'aspect colérique, correspond à la posture de « victime ».
- La personne qui est en charge de la situation est pour l'auteur des faits celui qui exerce un pouvoir par excès, par abus et qui refuse de lui donner raison. Elle est l'élément bloquant et la cause de cette situation. Le persécuteur est donc, pour l'auteur des faits, la première personne présente, celle en charge de gérer la situation.
- Le sauveur est le facilitateur puisqu'il vient en aide aux deux parties. Il apaise et résout la problématique.

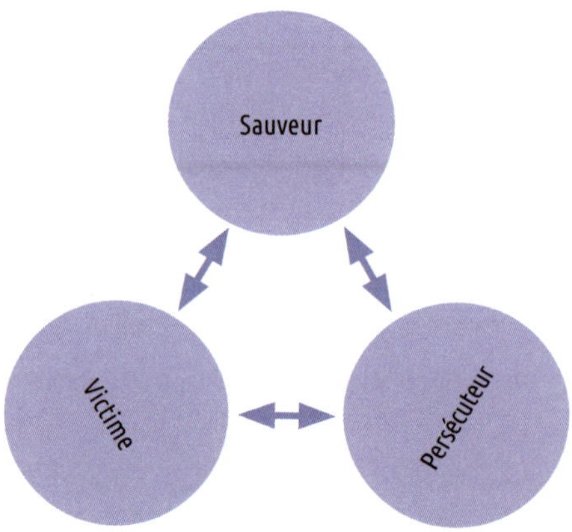

Tout l'enjeu est alors de sortir de ce processus afin de reprendre la résolution du conflit dans un cadre plus conventionnel. Pour ce faire, il est nécessaire de se référer aux différentes phases du référentiel de bonnes conduites vues précédemment, à savoir :

– La posture.
– L'analyse de la situation, du contexte et de la personne.
– Le recadrage des paroles et attitudes déviantes.
– L'orientation vers une solution ou un nouveau cadre de référence.

La phase la plus délicate dans ce type d'interaction est la posture. Votre comportement devra toujours faire ressortir de la confiance en vous, de la sécurité et de l'implication, mais il doit aussi permettre de rompre le contact visuel entre les protagonistes et les isoler.

En outre, le facilitateur devra adopter une attitude neutre et indépendante afin de prouver à l'auteur des faits qu'il intervient pour résoudre la situation et non pour défendre le point de vue de la personne en charge. Afin d'y arriver, il doit dans tous les cas :

Établir le contact avec l'auteur des faits en premier.
La première personne à qui vous adressez la parole est l'auteur des faits. Cela permettra, d'une part, de vous annoncer, de rassurer la personne en crise et de démontrer votre implication (je m'intéresse à toi), et aussi d'affirmer votre neutralité dans la situation (je ne demande pas l'avis de mon partenaire sur la situation, mais à toi). D'autre part, cela évitera, en cas d'erreur dans la prise en charge initiale, de décrédibiliser votre partenaire et facilitera le recadrage si nécessaire (je ne sais pas ce qu'il s'est passé avant).

Toujours garder à l'esprit l'objectif : résoudre le conflit.
Lorsque vous arrivez en soutien dans une dynamique conflictuelle, naturellement vous aurez tendance à vouloir prendre le parti de votre partenaire,

justifier et soutenir son comportement (exemple : *« C'est pas vrai, il n'a jamais dit ça ! »*). Malheureusement, ce genre de réaction va à l'encontre de l'objectif visé. Vous venez résoudre unc situation difficile et cela doit être votre priorité. Vous aurez le temps, après les faits, de soutenir votre partenaire. Si vous faites l'inverse, vous risquez de vous mettre en difficulté pour gérer la situation.

Par voie de conséquence, faites ce qui vous semble nécessaire pour limiter les risques et affronter la situation. Éviter également de donner des injonctions (exemple : *« Vous ne parlez pas comme ça de mon partenaire »*), car cela aura pour conséquence d'amplifier le comportement vindicatif de l'auteur des faits et de donner une impression négative de votre intervention.

Isoler la personne en crise.
Une fois la personne accostée, votre enjeu sera aussi de l'isoler afin de limiter les nouveaux excès émotionnels. Cela vous permettra de séparer les protagonistes, de sortir du champ de vision de votre partenaire afin qu'il puisse « souffler », d'optimiser votre prise en charge et de limiter le risque de sur-événement.

Respecter son partenaire.
Cela va de soi, néanmoins nous voulons y accorder de l'importance. Votre collègue, votre ami ou votre conjoint a commencé la gestion de la situation, il a peut-être des défauts, il a peut-être fait des erreurs, vous avez peut-être un contentieux ensemble, néanmoins, lors d'une situation de crise, on ne règle pas ses problèmes. On les met de côté. On demeure respectable. Ainsi, il est absolument nécessaire de ne pas critiquer, dénigrer ou diminuer son partenaire lorsqu'on est face à l'auteur des faits. D'un point de vue technique, cela risque aussi de créer une nouvelle situation où « l'agresseur » prend le rôle de sauveur et vous prend à partie suite aux propos que vous venez de tenir (*« T'es un fou de dire ça toi, tu respectes même pas ton collègue... »*).

Nous vous proposons le *modus operandi* postural suivant pour mettre en application ces principes.

Vous vous positionnez à côté de votre partenaire pour le soutenir et lui venir en aide et vous affrontez l'auteur des faits avec lui. Vous donnez le sentiment à votre interlocuteur de ne pas être entendu et renforcez sa perception négative de la situation. Cette posture n'est pas la plus adaptée puisqu'elle ne démontre pas votre neutralité dans l'échange et permet à votre interlocuteur de réaliser un « ping-pong » relationnel. Comme il a deux interlocuteurs face à lui, il choisira la personne avec qui il souhaite échanger en fonction du sujet et jouera sur les phases de tension, d'inconfort, en faisant tout ce qu'il peut pour vous diviser.

Vous vous positionnez sur le côté de l'auteur des faits (90° environ) et vous prenez la parole avec un « *Bonjour* », par exemple. Vous réalisez un léger pas vers l'arrière (sens opposé à votre partenaire) afin que la personne se tourne légèrement et perde le contacte visuel avec votre partenaire. Votre ami, votre collègue ou votre conjoint s'éloigne afin de sortir totalement du champ de vision et va signaler la situation à d'autres personnes. Il reste en alerte, à distance, au cas où la situation dérape.

Une fois la prise de contact effectuée et le protagoniste isolé, il convient de continuer le processus de résolution que nous avons vu précédemment. En effet, vous revenez à la situation d'opposition classique en face à face et il convient donc de chercher la causalité, les éléments circonstanciels, de réaliser une reformulation et une phase de recadrage avant la proposition d'une solution. Ici, la phase de recadrage est une opportunité pour (re)placer votre partenaire dans la relation. Vous pourrez revenir sur son rôle et son utilité dans les futurs échanges.

Lorsque l'auteur des faits est parti, il convient de débriefer la situation avec votre collègue et notamment :

- Écouter sa vision des faits, ce qu'il a dit et fait.
- Le rassurer sur votre niveau de confiance à son égard.
- Expliquer votre mode opératoire.
- Indiquer ce que vous avez dit, fait, promis...
- Mentionner les suites à donner à votre échange.

ÉTUDE DE CAS CONCRET :

Réaliser un constat suite à un accident matériel léger

Un accident matériel léger vient de se produire avec votre ami. Il n'y a pas de blessé. La tension est palpable, mais la communication reste possible. Les parties sont en désaccord sur ce qu'il s'est passé. Vous arrivez sur place et proposez votre aide pour la rédaction du constat. Vous avez prévenu au préalable les forces de l'ordre de l'accident de la route et vous leur indiquez que vous ne savez pas encore s'il y a des blessés.
Vous vous positionnez proche du tiers, en état d'alerte et en prenant en considération les contraintes environnementales et situationnelles. Vous adoptez la posture d'attente sécuritaire[32], suivant le niveau de vigilance adéquat.

Vous : Bonjour, je vois que vous avez eu un accident, est-ce que vous êtes blessé ?
Tiers : Non, ça va, c'est l'autre là-bas qui ne sait pas conduire...
Ami : N'importe quoi, c'est lui qui m'est rentré dedans...
Tiers : Tu rigoles ou quoi ?

Vous faites signe à votre ami de s'éloigner

Vous : Écoutez, je n'étais pas là, donc je ne sais pas ce qu'il s'est passé. Si vous voulez, on peut se mettre un peu plus loin pour que vous puissiez m'expliquer la situation.

La personne s'écarte et vous raconte sa vision des choses. Vous donnez des signes de compréhension et d'écoute. Vous ne validez aucun élément et ne prenez pas parti pour votre ami. Vous précisez que vous n'étiez pas là et qu'il est donc difficile pour vous de donner un avis. Vous lui proposez de l'accompagner pour la rédaction du constat.

32 • Voir *B • La posture d'attente sécuritaire : un levier de confiance, de sécurité et d'ouverture*, p. 77.

Vous lui mentionnez que vous avez bien compris qu'il ne voulait plus avoir affaire à l'autre personne et que vous allez l'aider à remplir le constat. Vous lui indiquez que vous serez l'interlocuteur pour les deux parties, mais que chacun devra remplir soi-même ses informations. La tierce personne accepte. Vous lui demandez de réaliser le dessin sur une feuille libre dans un premier temps. Vous la présenterez à votre ami par la suite. Une fois les deux parties d'accord, chacune remplit le constat de son côté.

Tout le monde quitte les lieux.

\- - - - - - - -

Dans notre cas pratique, vous êtes arrivé sur les lieux des faits et vous avez tout de suite donné des signes d'implication au tiers. Vous lui avez adressé la parole en premier, vous lui avez demandé s'il était blessé et s'il avait besoin d'aide. En réalisant ces démarches, vous travaillez sur la relation de confiance et sur la perception positive qu'il aura. Vous avez pris, aussi, les dispositions nécessaires pour être en sécurité (posture, appel aux forces de l'ordre...), ce qui vous a permis d'être plus confiant.

Afin de mener à bien la résolution de l'opposition, vous avez isolé les protagonistes et ventilez la tension émotionnelle en adoptant la méthodologie de prise en charge vue[33] précédemment. Vous êtes resté neutre et objectif par rapport aux propos tenus, ce qui a permis de renforcer votre posture de facilitateur. Enfin, vous avez proposé à chaque partie de se réunir pour mettre fin au litige de manière cordiale. D'autres cas de figure, moins conciliants, auraient pu se présenter :

33 • Voir *2 • Faire face à l'agressivité et résoudre un conflit*, p. 71.

1 – La tension est trop vive. La tierce personne part et refuse de laisser ses informations personnelles pour le constat amiable. Il faut alors garder en mémoire la plaque d'immatriculation pour le dépôt de plainte.

2 – Vous n'arrivez pas à vous mettre d'accord sur le dessin et sur ce qu'il s'est passé. Chaque conducteur remplit un constat en mentionnant ses informations personnelles sur les deux documents. Chacun transmettra son écrit à son assurance.

3 – Les deux parties ne sont toujours pas d'accord, vous les laissez isolées l'une de l'autre jusqu'à l'arrivée des forces de l'ordre.

PAROLE D'**EXPERT**

Claire **PARDON-MINASSIAN**

Lorsque le conflit dérive vers une situation de harcèlement

Bonjour, Claire, vous êtes la dirigeante du cabinet RPS-QVT, consultante et formatrice en santé au travail, pouvez-vous présenter votre activité ?

Le cabinet RPS-QVT, que je dirige, est spécialisé dans la prévention des risques psychosociaux et l'amélioration de la qualité de vie au travail. Je suis psychologue du travail de formation et habilitée intervenante en prévention des risques professionnels, j'accompagne depuis dix ans les entreprises et les collectivités à différents niveaux en matière de prévention primaire et secondaire, à savoir :

- Diagnostic des risques psychosociaux et élaboration de plan d'action.
- Évaluation des risques professionnels et élaboration ou mise à jour du document unique.
- Enquête ou accompagnement de commission d'enquête paritaire concernant des suspicions de harcèlement moral et/ou sexuel au travail.
- Étude d'impact humain des projets de réorganisation ou de changement.
- Accompagnement de comité de pilotage RPS et/ou QVT dans la mise en place de la politique de prévention.
- Formations de dirigeants, membres du CSE, encadrement en matière de santé au travail...

Pouvez-vous nous expliquer ce qui caractérise une situation de « harcèlement » ?

Le harcèlement moral au travail est une répétition d'agissements délétères qui peuvent être de différente nature (humiliations, menaces, injures, surveillance excessive, pousser à la faute, techniques punitives, mise au placard...), émanant d'un ou plusieurs salariés à l'encontre d'un salarié ou un groupe de salariés, qui auront pour effet de dégrader ses conditions de travail et qui peuvent aller de l'atteinte à ses droits, à sa dignité, à l'altération de sa santé physique et mentale jusqu'à la compromission de son avenir professionnel. Qu'il y ait intention de nuire ou pas, le harcèlement moral générera un traumatisme psychologique (qui

sera d'autant plus important si la situation de harcèlement perdure dans le temps) et conduira, s'il n'est pas stoppé à temps, à la destruction de l'identité professionnelle du salarié, de son identité personnelle et, la plupart du temps, à un état dépressif.
Le harcèlement peut être descendant (un supérieur hiérarchique qui adopte des techniques de management pathogènes à l'égard de son subordonné), ascendant (un subordonné adoptant des agissements délétères répétés sur son supérieur hiérarchique) ou transversal (agissements délétères répétés de collègues de travail sur un bouc émissaire).
Il peut être de différentes formes :

- Institutionnel : c'est ce que l'on appelle le management par la peur et l'humiliation pour obtenir plus de productivité.
- Stratégique : pour se débarrasser d'une catégorie de salariés.
- Individuel (exercé par une personne perverse narcissique).

La frontière entre conflit et harcèlement peut parfois être mince, comment faire la différence ?

Les conflits sont inévitables, pas la violence. Le harcèlement est une forme de violence interne répétée en entreprise. Le conflit est l'expression d'un désaccord, il n'est pas forcément malsain. Tant qu'il porte sur le contenu du travail. En revanche, si le conflit est ou devient un conflit de personne, il peut déboucher sur de la violence interne et impacter tout un collectif de travail, générant un mal-être, voire de la souffrance. Et puis dans le harcèlement, on a un bourreau et une victime donc une asymétrie relationnelle, alors que dans le conflit la relation même si elle est dégradée, elle est symétrique. Un conflit, s'il devient asymétrique d'un point de vue relationnel, pourra déboucher sur du harcèlement moral.
Différents paramètres du conflit peuvent indiquer le fait qu'il soit pathogène pour la santé au travail dès :

- qu'il y a une polarisation des différends ;
- qu'il est mis en avant et fait l'objet de toutes les attentions ;
- que le contenu n'est plus délimité et qu'il est complexe ;
- qu'il devient principalement relationnel (qu'il ne porte pas ou plus sur le contenu du travail) ;
- qu'il monopolise toute l'énergie des ressources humaines, de la direction ;
- qu'il se traduit par des coalitions ou ingérences ;
- qu'il mène à une situation perdant-perdant ;
- qu'il y a une disparition du professionnalisme ;
- qu'il mène à des atteintes à la santé mentale et physique (boule au ventre, anxiété ou stress élevé, troubles du sommeil, arrêts maladie...).

Quels comportements adopter face à une personne qui se dit harcelée ?

Il faut être à l'écoute, apporter du soutien moral et surtout l'orienter vers les acteurs et les professionnels pouvant lui venir en aide (voir ci-dessous).

Quelles sont les démarches à effectuer si je pense être moi-même en situation de harcèlement ?

Il faut essayer de désamorcer, si possible, la situation par un dialogue avec la ou les personnes concernées (dans le cas où l'on se trouve en début de processus). Il est possible de solliciter une médiation.
Il faut constituer un dossier de preuves (mails, appels, SMS, notes de service...) et surtout alerter :
- directement votre employeur si celui-ci n'est pas l'auteur de vos tourments ou le service des ressources humaines ;
- les représentants du personnel ;
- le médecin du travail ;
- l'inspecteur du travail.

Il faut en parler et ne pas rester isolé. Une prise en charge thérapeutique s'avère souvent indispensable (psychologue, psychiatre...) pour pouvoir se reconstruire. Enfin, vous pouvez saisir le conseil de prud'hommes ou engager un procès pénal.

Si vous deviez donner un seul conseil à nos lecteurs, quel serait-il ?

Pour les employeurs et les ressources humaines : ne pas faire de conclusions hâtives sans avoir réalisé une analyse approfondie des situations et sans en avoir les compétences. Il est indispensable de distinguer les agissements qui relèvent du harcèlement moral de ceux qui n'en relèvent pas. Il ne faut pas confondre par exemple le stress professionnel, l'épuisement professionnel, le conflit, des maladresses managériales, les authentiques paranoïas, les allégations mensongères avec le harcèlement.
Il faut absolument mettre en place une politique de prévention des situations de harcèlement au travail en entreprise comme le préconise l'accord national interprofessionnel sur la violence au travail signé par les partenaires sociaux français le 26 mars 2010, à savoir : des formations à destination des managers ; des sensibilisations aux comportements indésirables au travail auprès de l'ensemble des salariés ; inscrire ces initiatives au règlement intérieur ; établir un protocole de gestion des plaintes de harcèlement moral et/ou sexuel au travail ; enquêter, accompagner, aider les victimes et sanctionner les auteurs.

Merci Claire !

EXERCICE PRATIQUE :

Face à la contradiction, nous aimerions tous savoir réfuter, reformuler, contre-argumenter et retourner à son avantage une objection. Voici un exercice qui permettra de vous améliorer dans cette thématique.

Regroupez-vous avec des amis, des proches, de la famille, des collègues... L'idéal est de mêler les univers avec des personnes qui se connaissent beaucoup et peu ou pas et dont le sens critique est aiguisé. Travaillez préalablement sur un sujet que vous affectionnez particulièrement et indiquez le sujet au groupe. Vous pouvez également leur transmettre un petit topo de ce que vous allez expliquer. Placez-vous face à eux et commencez votre exposé.

La mission de vos coéquipiers est de contredire vos propos, vos arguments et votre exposé. À vous de placer le curseur, mais vous pouvez, par exemple, autoriser :

– Les questions et injonctions lors de votre temps de parole.
– Les arguments émotionnels et rationnels.
– Les « attaques » personnelles.
– Les « attaques » de groupe.

Vos objectifs : développer votre capacité à répondre ; améliorer votre posture en situation de tension ; trouver les bons mots au bon moment.

Au début, commencez par des sujets que vous maîtrisez parfaitement puis, au fur et à mesure, adoptez des sujets que vous maîtrisez de moins en moins.

PARTIE III

ACCOMPAGNER

Vivre, c'est aider un autre à vivre.

Jacques de Bourbon Busset

I • SOUTENIR UNE PERSONNE APRÈS UNE SITUATION DE VIOLENCE

Il y a un élément qui n'est jamais simple à aborder lorsqu'on parle de conflit et de situation d'agressivité : c'est l'après-incident. Le moment difficile où, quand on est « victime », on se retrouve seul face à soi-même, à ses doutes, ses peurs et, quand on est « accompagnant », on doit trouver les mots justes, la bonne attitude et la distance relationnelle adéquate.

En effet, vivre la situation dans l'instant, c'est une chose. Par contre, affronter les minutes, les heures et les jours qui la précèdent, c'est autre chose. La difficulté réside aussi dans la réaction des proches, des amis et des collègues qui vous demandent, pour votre bien, *« ça va ? »*, *« c'est pas trop dur ? »*, de les voir interpréter ce que vous ressentez, ce que vous pensez... Lorsque la situation s'est déroulée au travail, il faut ensuite rentrer chez soi avec le sentiment d'avoir été bafoué, rabaissé et blessé physiquement et/ou psychologiquement. Bien sûr, vous n'en parlez à personne car vous ne voulez pas inquiéter. Il faut ensuite réussir à dormir, ne plus y penser, se dire que ce n'est rien. Le sommeil est absent. Le cerveau repasse alors en boucle la scène, ce que vous avez dit, ce que vous avez fait. Il est l'heure. Il faut se lever et repartir, la boule au ventre, au travail. L'anxiété et le mal-être se développent pour vous et pour les autres. Vous êtes parfois colérique, parfois triste. Vous ne savez plus quoi dire. Les autres ne savent plus comment vous aborder... Alors, comment faire ?

Lorsque vous êtes la personne qui a fait face à la situation (la « victime »), il vous sera nécessaire d'en parler afin de libérer ce qui s'est passé et exprimer votre ressenti, vos émotions et vos souhaits. Vous pouvez le faire avec un proche ou un collègue en qui vous avez confiance et/ou avec un professionnel qui aura la compétence requise pour vous aider.

A • Les personnes ressources : psychiatre, psychologue et thérapies alternatives

Différentes professions existent pour aider les personnes qui ont souffert d'une agression ou d'un conflit durable qui aura provoqué des conséquences psychologiques. Pour avoir une vision plus précise des différents relais que vous pouvez solliciter, voici un panorama non exhaustif des métiers qui peuvent vous accompagner :

→ **Le psychiatre.** C'est un médecin (formation générale de médecine avec spécialisation en psychiatrie et psychothérapie). Il peut donc diagnostiquer et assurer une prise en charge médicale spécialisée, comme la prescription de médicaments, une hospitalisation, etc.

→ **Le psychologue.** C'est un spécialiste qui évalue et diagnostique les problèmes concernant la pensée, les sentiments et le comportement. Il peut aider les personnes à comprendre, surmonter et gérer leurs problèmes. Il a suivi une formation universitaire (master 2).

→ **L'hypnothérapeute.** Il s'agit d'un praticien qui exerce l'hypnose à des fins thérapeutiques. L'hypnose consiste à effectuer une réduction de l'état de conscience de la personne pour favoriser une introspection ou une dissociation en vue de travailler un sujet précis.

→ **Le sophrologue.** Il s'agit d'un professionnel qui utilise des techniques thérapeutiques exclusivement verbales et non tactiles, basées, par exemple, sur la respiration, la visualisation (imagerie mentale) et la décontraction musculaire.

Dans la suite de ce chapitre, nous nous concentrerons sur la posture et les principes à adopter pour accompagner un collègue ou un proche qui a été victime d'une situation difficile. C'est un sujet délicat et nous n'avons pas vocation à remplacer un professionnel de la santé mentale. Nous souhaitons plutôt proposer quelques outils élémentaires pour les « primo-intervenants ». C'est-à-dire les premières personnes qui échangent avec la victime postcrise et avant l'orientation vers un spécialiste.

B • Le choix de la posture et de la distance relationnelle

Nous avons vu précédemment[34] que lors d'une opposition la chronologie des faits pour la personne qui subit l'événement est constituée de cinq phases. Les trois premières étapes sont semblables à celles de l'auteur du conflit, à savoir : un élément déclencheur, une montée en charge et une phase de décharge. Les deux dernières phases, qui sont spécifiques à la « victime », représentent l'apparition d'une intensité émotionnelle inverse à la colère (tristesse, dégoût...), scindée en deux étapes :

→ **La phase (4) de chute émotionnelle :** la « victime » perd confiance, ses repères, sa motivation et son utilité dans le quotidien. Elle aura la sensation de ne pas être écoutée et comprise.

→ **La phase (5) de reconstruction :** la personne reprend le dessus, revient à des émotions positives et intègre une dimension d'acceptation et de reconstruction de soi.

Votre objectif, lorsque vous êtes positionné en « accompagnant » après un conflit, est de limiter (voire ne pas aggraver) la phase de chute émotionnelle. Pour y arriver, voici quelques principes pour mieux aborder la personne.

Soyez plus proche. Nous avons compris que les notions de posture et de distance[35] sont importantes dans les relations interpersonnelles dégradées.

---

34 • Voir *B • Le fonctionnement de notre cerveau et les situations d'alertes*, p. 23.

35 • Voir *C • Les comportements d'ouverture, de fermeture et les rapports de transgression*, p. 62.

Après la situation difficile, votre partenaire aura besoin de se sentir soutenu, compris et écouté. Vous devez ainsi, à l'instar de la résolution d'un conflit, renvoyer une image d'implication forte dans la relation (posture, signes d'acquiescement...). Cela permettra de renforcer la perception positive de soutien et de bienveillance.

Vous pouvez, par exemple, vous positionner à côté de lui (assis ou debout, à votre convenance). Cet élément est important et, comme démontré dans les travaux de Hall[36] sur la proxémie, il permet d'indiquer à la personne que vous êtes dans une démarche de coopération. Orientez-vous de trois quarts, une main en contact avec son épaule ou son bras, suivant le cas, afin de maintenir la relation. Le contact physique permet d'ancrer la situation dans le moment présent et de témoigner de votre implication.

Parlez peu. Comme pour la résolution d'un conflit, minimisez votre temps de parole pour vous concentrer sur ce que l'autre dit ou fait. L'important est que la personne puisse exprimer ce qu'elle ressent par rapport à la situation. Les mêmes principes s'appliquent ici. En synthèse, évitez de monopoliser la parole pour dire ce que vous auriez dit ou fait lors de l'événement. Ce comportement autocentré risque d'oppresser et/ou d'agacer votre partenaire.

36 • Voir C • *Les comportements d'ouverture, de fermeture et les rapports de transgression*, p. 62.

Faites preuve d'empathie. L'empathie consiste à identifier et à comprendre les émotions et les sentiments que la personne expérimente tout en acceptant les nôtres. Ce processus est basé sur la compréhension de ce que la personne traverse et sur notre rôle dans son accompagnement. Faire preuve d'empathie permet de renforcer la notion d'implication.

Attention toutefois à ne pas tomber dans la sympathie, qui est la capacité de vivre les émotions de son interlocuteur. Cette composante renvoie à une dimension affective et à une motivation personnelle à vivre les mêmes émotions de votre partenaire. Vous risquez, en adoptant cette attitude, de perdre le recul et l'objectivité nécessaires pour prendre en charge votre partenaire. À titre d'exemple, Raymond R. Mitsch et Lynn Brookside notent que la phrase qui témoigne de l'empathie et qui est la plus utile lors d'une situation difficile est : « Je sais que tu souffres. »

Laissez la personne exprimer ses émotions. Mettez la personne à l'aise, invitez-la à exprimer ses émotions. Dites-lui que vous n'êtes pas là pour la juger, que ce qui va être dit restera, dans la mesure du possible, entre vous. Acceptez qu'elle puisse être en colère envers elle-même, ses collègues, les autres personnes présentes, la société... C'est une réaction normale. Ne recadrez pas pour le moment, l'objectif n'est pas de fixer des règles, mais bien qu'elle puisse extérioriser ce qu'il s'est passé. Il est également possible qu'elle pleure, qu'elle crie et/ou qu'elle exprime ses émotions d'une autre façon. Soyez discret et attentif.

Évitez les généralisations et les dédramatisations. Il n'est pas très agréable, pour qui que ce soit et dans quelques sujets que ce soit, d'entendre des éléments qui diminuent, généralisent ou dédramatisent ce qu'il s'est passé. Afin d'éviter toute confusion, sentiment de mal à l'aise ou éventuelle situation de tension, il est important d'éviter les commentaires comme : *« C'est rien, c'est pas grave. » « Bon, tu t'es fait engueuler et alors ? Il n'y a pas mort d'homme. »*

« Tu vas pas faire ta chochotte, ça arrive à tout le monde. » « Tout le monde ici s'est déjà fait menacer et insulter, tu t'y feras... » Même si au départ vous partiez d'une bonne intention, ces phrases peuvent susciter un sentiment négatif chez la « victime ». Restez au maximum factuel, ce qui s'est passé est grave, important et cela mérite qu'on prenne du temps pour en discuter.

Posez des questions. La personne a besoin d'exprimer ce qu'elle ressent. Vous ne savez peut-être pas quoi répondre à ses propos ou quoi dire pour maintenir la relation. Posez des questions ouvertes. Comme nous l'avons détaillé[37], elles favorisent la verbalisation et la construction d'une réponse et cela évite de vous exposer. Voici quelques questions que vous pouvez poser :

– Est-ce que tu souhaites en parler ?
– Qu'est-ce qu'il s'est passé ?
– Comment as-tu vécu la situation ?
– Qu'est-ce qui a été le plus difficile pour toi ?
– De quoi souhaites-tu me parler ?
– Que puis-je faire pour t'aider ?
– Il y a-t-il quelque chose que je peux faire en particulier ?
– Il y a-t-il quelqu'un que tu souhaites contacter ?
– Je ne sais pas comment t'aider, peux-tu me le dire ?

Enfin, la personne souhaite peut-être rester seule, ne désire pas échanger. Respectez son choix, laissez-lui du temps et restez disponible. Vous pouvez aussi l'orienter vers une personne ressource qui pourra l'accompagner dans les moments les plus difficiles.

37 • Voir *C • L'analyse d'une situation et le séquençage vers le besoin initial*, p. 89.

PAROLE D'**EXPERT**

Patricia **ANGLÈS D'AURIAC**

La prise en charge d'une personne après une agression

Bonjour, Patricia, vous êtes psychologue clinicienne, spécialisée en EMDR, et intervenez régulièrement dans la gestion de crise, pouvez-vous présenter votre parcours ?

Bonjour. J'ai suivi mes études de psychologie à l'École de psychologues praticiens et ai été diplômée en 1999. Au cours et à la suite de mes études, j'ai effectué un stage et une période de volontariat au Vietnam dans un centre de pédiatrie et ai intégré à mon retour une organisation de solidarité internationale. Je me suis ensuite orientée vers les ONG d'urgence où, pendant une dizaine d'années, j'étais en charge du recrutement, du suivi-accompagnement, des briefings et débriefings émotionnels des travailleurs humanitaires en allant ponctuellement sur le terrain, dans des zones de conflits armés, lors d'incidents critiques. En 2014, j'ai obtenu un diplôme universitaire en psychotraumatologie et ai rejoint un cabinet de prévention et de gestion des risques psychosociaux pour accompagner les salariés d'entreprises en souffrance au travail ou pour conseiller les managers dans la gestion des situations de crise. J'intervenais régulièrement au sein de cellules psychologiques lors d'accidents de travail, de suicides ou décès en entreprise, de situations de harcèlement ou lors des attentats. Je me suis formée en parallèle en EMDR (la désensibilisation et le retraitement des traumatismes psychiques par le mouvement oculaire) et, en 2018, je me suis installée en libéral en tant que psychothérapeute et praticienne EMDR. J'accompagne toujours en parallèle des travailleurs humanitaires et des entreprises confrontées à des incidents critiques ou pour apporter des conseils en gestion de crise.

Quels sont les comportements à adopter lorsque nous sommes face à une personne victime d'une agression ?

La première chose à faire est de la mettre en sécurité, puis de l'aider à se sentir en sécurité et de comprendre sa peur, qui peut perdurer. La victime d'une agression a besoin de se sentir comprise et soutenue. Il faudra également l'aider à s'ancrer dans le présent, l'ici et maintenant, particulièrement si elle s'est « dissociée » (la violence et l'intensité de la charge d'adrénaline l'ayant déconnectée de la réalité, comme le fait un disjoncteur électrique quand il a trop de volts).

Concrètement, comment faut-il aborder le sujet et que faut-il dire ?

La personne victime d'une agression a le plus souvent besoin de se sentir comprise, soutenue et surtout reconnue comme ayant subi un traumatisme ou avoir été victime, mais elle peut aussi avoir le besoin presque contradictoire qu'on ne lui parle pas de ce qu'elle tente d'oublier, souvent en vain, de ces souvenirs qui l'envahissent. Il faut donc faire preuve d'empathie, de patience aussi, et lui montrer qu'on la comprend, mais ne pas systématiquement non plus la ramener à ce à quoi elle essaie d'éviter de penser. Elle a besoin généralement qu'on s'occupe d'elle, qu'on la protège et veille à sa sécurité, de ne pas se sentir seule avec ce qu'elle a vécu. Elle peut avoir autant besoin qu'on l'aide à se « changer les idées » que de savoir qu'on peut comprendre ce qu'elle vit, étant souvent encore dans la peur, la détresse, comme si le danger était encore présent et l'événement toujours en cours. Elle aura sans doute aussi besoin d'assistance pour les démarches policières, administratives ou judiciaires qui s'ensuivront.

***A contrario*, que ne faut-il pas faire, pas dire ?**

Ce qu'il ne faut surtout pas faire ou pas dire c'est minimiser, nier ou banaliser, ou vouloir à tout prix que la personne passe au plus vite à autre chose et dire, par exemple, *« c'est terminé, c'est derrière toi, rebondis maintenant »*, alors que pour la personne qui a subi un traumatisme psychique, le temps s'est arrêté et le traumatisme persiste par des flashsback, des reviviscences, des cauchemars, un état d'hypervigilance et d'alerte, une détresse et un sentiment d'insécurité, la mise en place de stratégie d'évitement pour tenter d'oublier l'événement, des troubles du sommeil, des troubles du comportement, etc. Les victimes d'agression ont probablement connu un épisode de dissociation où l'esprit et le corps se sont déconnectés et où les seules réactions possibles ont été la prostration/sidération, la fuite panique ou le mode pilotage automatique, quand on agit comme un robot sans être présent réellement. Cet épisode dissociatif a fait perdre à la victime la capacité d'assimiler la situation dans l'instant et ne lui permet alors pas d'avancer dans le temps. Elle ne peut pas « passer à autre chose » sans ce travail d'assimilation de l'événement. Un événement traumatique renvoie à un sentiment de grande solitude et, si la victime ne se sent pas comprise, elle aura d'autant plus de mal à se relever. On peut évidemment lui signifier que l'événement est terminé et qu'elle est maintenant en sécurité, mais ne pas nier que la détresse et le sentiment d'insécurité persistent.

Pourquoi est-ce important d'avoir un accompagnement psychologique après un incident ?

L'état de choc peut durer un certain temps (on parle d'état de stress aigu qui peut durer quatre à six semaines après l'événement) et le traumatisme peut s'installer si les symptômes persistent au-delà de cette période (on parle alors de trouble du stress post-traumatique). Pour la victime, c'est comme si l'événement se déroulait en permanence sous ses yeux. Cela peut conduire à des troubles anxieux, des phobies, une dépression, ou amener à des conduites addictives pour tenter d'oublier l'horreur vécue. Un accompagnement psychologique peut aider à assimiler ce qui s'est passé dans ces instants de dissociation où la terreur a pris la place de la mobilisation des défenses et des réactions pour « dépasser » cet événement et les symptômes qui en découlent, avec la mobilisation d'autres ressources.

Si vous deviez donner un seul conseil à nos lecteurs, quel serait-il ?

Faites preuve d'empathie, ne minimisez pas l'impact possible d'un tel événement sur le psychisme et la santé mentale d'un proche, c'est votre soutien et cette reconnaissance qui seront pour cette personne les plus aidants.

Merci Patricia !

www.emdr-psychologue.com

2 • COMPRENDRE LE CADRE LÉGAL

Suite à une altercation verbale, une situation d'incivilité ou une agression physique, nous pouvons être perdus dans les démarches à effectuer. Afin de mieux comprendre les différents aspects procéduraux et légaux, nous vous proposons de répondre aux principales questions que l'on peut se poser sur le sujet.

Par convention, dans la suite de cette partie nous utiliserons :

– CP pour Code pénal
– CPP pour Code de procédure pénale
– CT pour Code du travail

Il est à noter que ces éléments sont proposés à titre informatif, qu'il convient à chaque personne de vérifier si ces données sont toujours à jour lors d'un événement et de s'orienter vers un professionnel en cas de besoin.

Quelle est la différence entre une main courante et un dépôt de plainte ?

Une main courante permet de signaler un/des faits auprès des forces de l'ordre. Ces faits ne représentent pas nécessairement une infraction pénale (contraventions, délits et crimes). Il n'y a donc pas de poursuite ou d'enquête envers l'auteur des faits. La main courante permet d'avoir une traçabilité datée d'une situation éprouvée en vue d'une possible procédure ultérieure.

La plainte est le premier élément de la procédure judiciaire. Elle permet de déclencher une enquête en vue d'établir les faits sur une infraction et de demander une sanction pénale. C'est le procureur de la République qui décide s'il poursuit ou classe l'affaire.

Où est-ce que je peux porter plainte ?

Vous pouvez déposer une plainte au commissariat ou à la gendarmerie de votre choix.

Dans certains cas (atteinte aux biens, fait discriminatoire), vous pouvez la réaliser en ligne sur le site https://www.pre-plainte-en-ligne.gouv.fr. Vous aurez, une fois les informations fournies, un rendez-vous avec les forces de l'ordre.

Vous pouvez également écrire au procureur de la République, en transmettant un courrier sur papier libre[38] au tribunal du lieu de l'infraction. Votre lettre doit mentionner :

- Vos noms, prénoms, adresse et numéro de téléphone.
- Votre récit détaillé des faits et notamment l'heure, la date et le lieu de l'infraction.
- Le nom de l'auteur supposé si vous le connaissez (sinon, il convient de déposer plainte contre X).
- Les noms et adresses des éventuels témoins de l'infraction.
- La description et l'estimation provisoire ou définitive du préjudice (matériel et immatériel).
- Les documents de preuve : certificats médicaux constatant les blessures, arrêts de travail, factures diverses, constats en cas de dégâts matériels.

Peut-on refuser ma plainte ?

Normalement non. L'article 15-3 du CPP[39] prévoit :

Les officiers et agents de police judiciaire sont tenus de recevoir les plaintes déposées par les victimes d'infractions à la loi pénale, y compris lorsque ces plaintes sont

38 • Exemple de courrier sur : https://www.service-public.fr/simulateur/calcul/Porter_plainte.

39 • Source : Legifrance.fr.

déposées dans un service ou une unité de police judiciaire territorialement incompétents. Dans ce cas, la plainte est, s'il y a lieu, transmise au service ou à l'unité territorialement compétents.

Tout dépôt de plainte fait l'objet d'un procès-verbal et donne lieu à la délivrance immédiate d'un récépissé à la victime, qui mentionne les délais de prescription de l'action publique définis aux articles 7 à 9 ainsi que la possibilité d'interrompre le délai de prescription par le dépôt d'une plainte avec constitution de partie civile, en application de l'article 85. Si elle en fait la demande, une copie du procès-verbal lui est immédiatement remise. Les officiers ou agents de police judiciaire peuvent s'identifier dans ce procès-verbal par leur numéro d'immatriculation administrative.

En outre, ce droit est mentionné dans l'article 5 de la Charte d'accueil du public et d'assistance aux victimes qui doit être affichée dans les commissariats et les brigades de gendarmerie.

Que dois-je indiquer dans ma plainte ?

Vous pouvez indiquer les mêmes éléments que pour la lettre plainte, à savoir :

- Vos noms, prénoms, adresse et numéro de téléphone.
- Votre récit détaillé des faits et notamment l'heure, la date et le lieu de l'infraction.
- Le nom de l'auteur supposé si vous le connaissez (sinon, il convient de déposer plainte contre X).
- Les noms et adresses des éventuels témoins de l'infraction.
- La description et l'estimation provisoire ou définitive du préjudice (matériel et immatériel).
- Les documents de preuve : certificats médicaux constatant les blessures, arrêts de travail, factures diverses, constats en cas de dégâts matériels.

Pensez également à préciser une description de l'auteur des faits avec des indicateurs comme :

- sa taille approximative ;
- des signes distinctifs (piercings, tatouages, cicatrices...) ;
- sa couleur des yeux, des cheveux... ;
- sa tenue vestimentaire ;
- ses bijoux, les objets de valeurs et autres facteurs différenciants ;
- la direction dans laquelle la personne est partie.

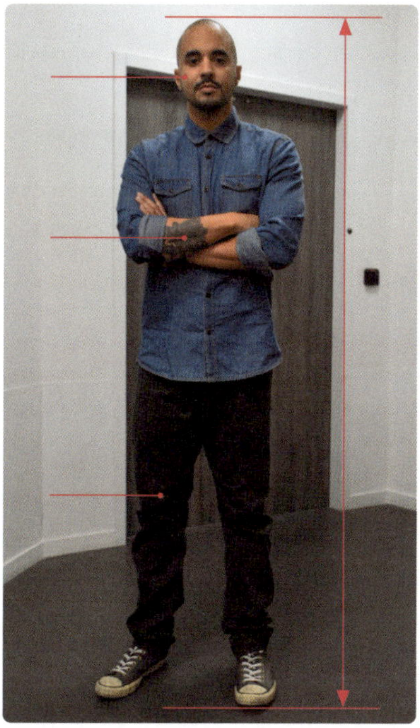

Qui délivre les interruptions temporaires de travail (ITT) ?

C'est l'unité médico-judiciaire (UMJ) qui délivre des ITT. Ces centres sont généralement situés dans des hôpitaux. L'UMJ a un rôle de prise en charge des victimes pour déterminer et chiffrer les conséquences physiques et psychologiques en lien avec l'infraction subie. Il est possible d'y avoir accès après un dépôt de plainte sur réquisition judiciaire ou à la demande de la victime. Le médecin légiste, pour dresser un certificat médical, s'appuie dès lors sur une constatation objective des blessures et le récit détaillé de la victime. Au travers de ces éléments, il peut fixer la durée de l'interruption temporaire (ou totale) de travail, ce qui permet de qualifier les faits comme contraventionnels ou délictuels. Le certificat est, par la suite, transmis à l'autorité compétente. Attention, il ne dresse pas de certificat d'arrêt de travail. En cas de besoin, vous devez vous rapprocher de votre médecin traitant ou des services hospitaliers.

Que risque l'auteur d'une agression ?

La sanction est en fonction de la gravité des blessures de la victime. Dans le cadre d'une agression physique, il s'agit d'une violence volontaire. L'auteur des faits a délibérément cherché à nuire à la victime, même si l'action n'a pas été préméditée. Des circonstances aggravantes peuvent également exister en fonction de l'événement. Les sanctions sont variables suivant les blessures subies par la victime.

DOMMAGES SUBIS PAR LA VICTIME[40]	PEINE ENCOURUE
Aucune lésion ou blessure	750 euros d'amende
Incapacité totale de travail (ITT) d'une durée inférieure ou égale à 8 jours	1 500 euros d'amende (3 000 euros en cas de récidive)
ITT de plus de 8 jours	3 ans d'emprisonnement et 45 000 euros d'amende
Mutilation ou infirmité permanente	10 ans d'emprisonnement et 150 000 euros d'amende
Mort (sans l'intention de la donner de la part de l'auteur)	15 ans d'emprisonnement
Meurtre	30 ans d'emprisonnement

40• https://www.justice.fr/fiche/coups-blessures.

Qu'est-ce que la légitime défense ?

La légitime défense est définie par les articles 122-5 à 122-7 du CP. Il est possible d'interpréter ces textes de cette façon :

Une personne qui subit une atteinte à son encontre ou envers un proche peut être en état de légitime défense si :
– L'atteinte est injuste, réelle et immédiate.
– La riposte est nécessaire, simultanée et proportionnée.

Dans tous les cas, c'est à la justice de déterminer si la personne est en état de légitime défense ou non. Si la légitime défense est reconnue, alors la personne poursuivie ne peut pas être condamnée.

→ Art. 122-5 CP

N'est pas pénalement responsable la personne qui, devant une atteinte injustifiée envers elle-même ou autrui, accomplit, dans le même temps, un acte commandé par la nécessité de la légitime défense d'elle-même ou d'autrui, sauf s'il y a disproportion entre les moyens de défense employés et la gravité de l'atteinte.

N'est pas pénalement responsable la personne qui, pour interrompre l'exécution d'un crime ou d'un délit contre un bien, accomplit un acte de défense, autre qu'un homicide volontaire, lorsque cet acte est strictement nécessaire au but poursuivi dès lors que les moyens employés sont proportionnés à la gravité de l'infraction.

→ Art. 122-6 CP

Est présumé avoir agi en état de légitime défense celui qui accomplit l'acte :

1° - Pour repousser, de nuit, l'entrée par effraction, violence ou ruse dans un lieu habité.

2° - Pour se défendre contre les auteurs de vols ou de pillages exécutés avec violence.

→ Art. 122-7 CP

N'est pas pénalement responsable la personne qui, face à un danger actuel ou imminent qui menace elle-même, autrui ou un bien, accomplit un acte nécessaire à la sauvegarde de la personne ou du bien, sauf s'il y a disproportion entre les moyens employés et la gravité de la menace.

Que dois-je faire si je suis témoin d'une agression ?

L'article 73 du CPP prévoit que toute personne peut appréhender l'auteur d'un crime flagrant ou d'un délit flagrant et le conduire à l'officier de police judiciaire le plus proche. Il convient néanmoins de respecter l'article 803 du CPP qui délimite l'entrave et le menottage.

→ Art. 73 CPP

Dans les cas de crime flagrant ou de délit flagrant puni d'une peine d'emprisonnement, toute personne a qualité pour en appréhender l'auteur et le conduire devant l'officier de police judiciaire le plus proche.

Lorsque la personne est présentée devant l'officier de police judiciaire, son placement en garde à vue, lorsque les conditions de cette mesure, prévues par le présent code, sont réunies, n'est pas obligatoire dès lors qu'elle n'est pas tenue sous la contrainte de demeurer à la disposition des enquêteurs et qu'elle a été informée qu'elle peut à tout moment quitter les locaux de police ou de gendarmerie. Le présent alinéa n'est toutefois pas applicable si la personne a été conduite, sous contrainte, par la force publique devant l'officier de police judiciaire.

→ Art. 803 CPP

Nul ne peut être soumis au port des menottes ou des entraves que s'il est considéré soit comme dangereux pour autrui ou pour lui-même, soit comme susceptible de tenter de prendre la fuite.

Dans ces deux hypothèses, toutes mesures utiles doivent être prises, dans les conditions compatibles avec les exigences de sécurité, pour éviter qu'une personne menottée ou entravée soit photographiée ou fasse l'objet d'un enregistrement audiovisuel.

Qu'est-ce que la non-assistance à personne en danger ?

La non-assistance à personne en danger est conditionnée par l'article 223-6 du CP. Elle est caractérisée par deux éléments :

1 – Une victime qui fait face à un danger grave et imminent.
2 – Une abstention d'action pour aider la victime ou alerter les secours.

Le texte prévoit également que votre action ne doit pas représenter un risque pour vous ou pour autrui.

→ Art. 223-6 CP

> *Quiconque pouvant empêcher par son action immédiate, sans risque pour lui ou pour les tiers, soit un crime, soit un délit contre l'intégrité corporelle de la personne s'abstient volontairement de le faire est puni de cinq ans d'emprisonnement et de 75 000 euros d'amende.*
>
> *Sera puni des mêmes peines quiconque s'abstient volontairement de porter à une personne en péril l'assistance que, sans risque pour lui ou pour les tiers, il pouvait lui prêter soit par son action personnelle, soit en provoquant un secours.*
>
> *Les peines sont portées à sept ans d'emprisonnement et 100 000 euros d'amende lorsque le crime ou le délit contre l'intégrité corporelle de la personne mentionnée au premier alinéa est commis sur un mineur de quinze ans ou lorsque la personne en péril mentionnée au deuxième alinéa est un mineur de quinze ans.*

Si je me fais agresser par un client ou un collègue que dois-je faire ?

Le CT prévoit dans les articles L4121-1 à L4121-5 que l'employeur a une obligation de prévention à l'égard de la sécurité et de la protection de la santé mentale et physique de ses salariés. Cette obligation est donc applicable en matière de violences physiques et verbales, de harcèlement moral et sexuel.

En cas d'agression verbale et/ou physique :

- Faites face à la situation en gardant une attitude professionnelle et tentez de résoudre la confrontation par une méthodologie de résolution des conflits.
- Consignez tous les éléments de preuve (mails, faits...).
- Faites immédiatement remonter les faits à votre hiérarchie (par voie orale et écrite).
- Réalisez un dépôt de plainte.

→ Art. L1152-1 CT

Aucun salarié ne doit subir les agissements répétés de harcèlement moral qui ont pour objet ou pour effet une dégradation de ses conditions de travail susceptible de porter atteinte à ses droits et à sa dignité, d'altérer sa santé physique ou mentale ou de compromettre son avenir professionnel.

→ Art. L4121-1 CT

L'employeur prend les mesures nécessaires pour assurer la sécurité et protéger la santé physique et mentale des travailleurs.

Ces mesures comprennent :
1° - Des actions de prévention des risques professionnels.
2° - Des actions d'information et de formation.
3° - La mise en place d'une organisation et de moyens adaptés.
L'employeur veille à l'adaptation de ces mesures pour tenir compte du changement des circonstances et tendre à l'amélioration des situations existantes.

→ Art. L4121-2 CT

L'employeur met en œuvre les mesures prévues à l'article L4121-1 sur le fondement des principes généraux de prévention suivants :
1° - Éviter les risques.
2° - Évaluer les risques qui ne peuvent pas être évités.
3° - Combattre les risques à la source.

4° - Adapter le travail à l'homme, en particulier en ce qui concerne la conception des postes de travail ainsi que le choix des équipements de travail et des méthodes de travail et de production, en vue notamment de limiter le travail monotone et le travail cadencé et de réduire les effets de ceux-ci sur la santé.

5° - Tenir compte de l'état d'évolution de la technique.

6° - Remplacer ce qui est dangereux par ce qui n'est pas dangereux ou par ce qui est moins dangereux.

7° - Planifier la prévention en y intégrant, dans un ensemble cohérent, la technique, l'organisation du travail, les conditions de travail, les relations sociales et l'influence des facteurs ambiants, notamment les risques liés au harcèlement moral, tel qu'il est défini à l'article L1152-1.

8° - Prendre des mesures de protection collective en leur donnant la priorité sur les mesures de protection individuelle.

9° - Donner les instructions appropriées aux travailleurs.

→ Art. L4121-3 CT

L'employeur, compte tenu de la nature des activités de l'établissement, évalue les risques pour la santé et la sécurité des travailleurs, y compris dans le choix des procédés de fabrication, des équipements de travail, des substances ou préparations chimiques, dans l'aménagement ou le réaménagement des lieux de travail ou des installations et dans la définition des postes de travail.

À la suite de cette évaluation, l'employeur met en œuvre les actions de prévention ainsi que les méthodes de travail et de production garantissant un meilleur niveau de protection de la santé et de la sécurité des travailleurs. Il intègre ces actions et ces méthodes dans l'ensemble des activités de l'établissement et à tous les niveaux de l'encadrement.

→ Art. L4121-4 CT

Lorsqu'il confie des tâches à un travailleur, l'employeur, compte tenu de la nature des activités de l'établissement, prend en considération les capacités de l'intéressé à mettre en œuvre les précautions nécessaires pour la santé et la sécurité.

→ **Art. L4121-5 CT**

Lorsque dans un même lieu de travail les travailleurs de plusieurs entreprises sont présents, les employeurs coopèrent à la mise en œuvre des dispositions relatives à la santé et à la sécurité au travail.

Qu'est-ce qu'un droit de retrait ?

Le droit de retrait est lié au droit d'alerte. Il s'agit d'un droit accordé à tous les salariés. L'article L4131-1 du CT indique que ces derniers doivent immédiatement prévenir leur employeur :

- S'il se trouve face à un danger grave et imminent pour sa vie ou sa santé.
- S'il constate une défectuosité dans les systèmes de protection.

→ **Art. L4131-1 CT**

Le travailleur alerte immédiatement l'employeur de toute situation de travail dont il a un motif raisonnable de penser qu'elle présente un danger grave et imminent pour sa vie ou sa santé ainsi que de toute défectuosité qu'il constate dans les systèmes de protection.

Il peut se retirer d'une telle situation.

L'employeur ne peut demander au travailleur qui a fait usage de son droit de retrait de reprendre son activité dans une situation de travail où persiste un danger grave et imminent résultant notamment d'une défectuosité du système de protection.

Mon voisin m'a insulté et menacé que dit la loi ?

Les articles R621-1, R621-2, R625-8 et R625-8-1 prévoient qu'il existe deux types d'injures :

- **Les injures publiques :** il s'agit d'une injure qui peut être entendue ou lue par un public. Il s'agit, par exemple, des injures prononcées sur la voie publique, sur un parking, dans les transports en commun, sur internet ou dans une cour d'immeuble...

- **Les injures non publiques :** il s'agit d'injures adressées à une victime sans qu'une ou plusieurs personnes soient présentes pour l'entendre ou la lire, ou, face à des personnes qui partagent les mêmes intérêts (famille, proches, réseau professionnel, milieu associatif...).

Il existe deux types de menaces :

- **Les menaces de détérioration** avec ou sans danger pour les personnes : Les articles 322-12 et 322-13 du CP prévoient qu'il s'agit de menacer de commettre une destruction, une dégradation ou une détérioration dangereuse pour les personnes avec ou sans condition.
- **Les menaces sur les personnes** qui sont définies par les articles 222-17 et 222-18 du CP.

De prime abord, dans l'ensemble de ces cas, vous pouvez réaliser une plainte.

→ Art. 222-17 CP

La menace de commettre un crime ou un délit contre les personnes dont la tentative est punissable est punie de six mois d'emprisonnement et de 7 500 euros d'amende lorsqu'elle est, soit réitérée, soit matérialisée par un écrit, une image ou tout autre objet.
La peine est portée à trois ans d'emprisonnement et à 45 000 euros d'amende s'il s'agit d'une menace de mort.

→ Art. 222-18 CP

La menace, par quelque moyen que ce soit, de commettre un crime ou un délit contre les personnes, est punie de trois ans d'emprisonnement et de 45 000 euros d'amende, lorsqu'elle est faite avec l'ordre de remplir une condition.

La peine est portée à cinq ans d'emprisonnement et à 75 000 euros d'amende s'il s'agit d'une menace de mort.

→ Art. 222-18-1 CP

Les personnes morales peuvent être déclarées pénalement responsables dans les conditions prévues par l'article 121-2 des infractions définies au présent paragraphe.

Les peines encourues par les personnes morales sont :

1° - L'amende, suivant les modalités prévues par l'article 131-38.

2° - Les peines mentionnées aux 2° à 9° de l'article 131-39.

3° - La peine mentionnée au 1° de l'article 131-39 pour les infractions définies par les articles 222-17 (deuxième alinéa) et 222-18.

L'interdiction mentionnée au 2° de l'article 131-39 porte sur l'activité dans l'exercice ou à l'occasion de l'exercice de laquelle l'infraction a été commise.

→ Art. R623-1 CP

Hors les cas prévus par les articles 222-17 et 222-18, la menace de commettre des violences contre une personne, lorsque cette menace est soit réitérée, soit matérialisée par un écrit, une image ou tout autre objet, est punie de l'amende prévue pour les contraventions de la 3e classe.

→ Art. R621-1 CP

La diffamation non publique envers une personne est punie de l'amende prévue pour les contraventions de la 1re classe.

La vérité des faits diffamatoires peut être établie conformément aux dispositions législatives relatives à la liberté de la presse.

→ Article R621-2 CP

L'injure non publique envers une personne, lorsqu'elle n'a pas été précédée de provocation, est punie de l'amende prévue pour les contraventions de la 1re classe.

→ Art. R625-8 CP

La diffamation non publique commise envers une personne ou un groupe de personnes à raison de leur origine ou de leur appartenance ou de leur non-

appartenance, vraie ou supposée, à une ethnie, une nation, une prétendue race ou une religion déterminée est punie de l'amende prévue pour les contraventions de la 5e classe.

Est punie de la même peine la diffamation non publique commise envers une personne ou un groupe de personnes à raison de leur sexe, de leur orientation sexuelle ou identité de genre, ou de leur handicap.

→ Art. R625-8-1 CP

L'injure non publique commise envers une personne ou un groupe de personnes à raison de leur origine ou de leur appartenance ou de leur non-appartenance, vraie ou supposée, à une ethnie, une nation, une prétendue race ou une religion déterminée est punie de l'amende prévue pour les contraventions de la 5e classe.

Est punie de la même peine l'injure non publique commise envers une personne ou un groupe de personnes à raison de leur sexe, de leur orientation sexuelle ou identité de genre, ou de leur handicap.

TÉMOIGNAGE

Anne-Véronique **HERTER**

J'ai vécu une situation de crise au travail et je m'en suis sortie

Bonjour, Anne-Véronique, il y a quelques années vous avez vécu une situation difficile dans le cadre de votre travail, pourriez-vous nous expliquer ce qu'il s'est passé ?

Bonjour, Olivier.
En effet, après plus de huit ans dans une entreprise américaine où j'ai eu le sentiment d'être littéralement broyée, j'ai fini par faire un burn-out (syndrome d'épuisement professionnel qui vide toute énergie et capacité à travailler), puis une dépression sévère (la différence avec le burn-out étant qu'il ne touche alors pas que le travail, mais tous les aspects de la vie), qui m'a laissé beaucoup de traumatismes, à moi, mais aussi à mes proches.

J'ai travaillé vingt ans dans le marketing et la communication. J'ai été chef de fabrication, chef de produit, consultante... J'ai appris mes métiers sans diplôme particulier et j'avais toujours l'impression que je devais en faire deux fois plus qu'un diplômé de grande école pour être crédible vis-à-vis de mes patrons et de mes collègues. J'ai toujours été surinvestie, très soucieuse du regard de mes supérieurs sur mon travail et très peu sûre de moi. On appelle cela le syndrome de l'usurpateur, j'étais la candidate idéale pour un burn-out.

En 2008, je suis rentrée dans une entreprise américaine comme responsable marketing. J'avais l'impression que j'étais dans la boîte de ma vie. C'était dans un cadre agréable, proche de chez moi, sur un sujet qui me plaisait particulièrement et avec des collègues que j'ai vite appréciés.

J'ai vécu des moments de grandes souffrances et je n'étais pas la seule. Des emails et des SMS à pas d'heure, le soir ou le week-end, du travail les jours de repos, des compliments en public et des reproches en privé, des injonctions contradictoires, utilisant des informations de la vie privée pour jouer sur nos faiblesses. Un travail infaisable (par exemple on m'a donné la responsabilité d'un service client espagnol alors que je parlais à peine espagnol et que les agents du service ne parlaient ni français ni anglais), une directrice qui s'est mise à me siffler quand je parlais pour me faire taire, une autre qui me reprochait une prise de poids due au stress. On rentrait en réunion en tête à tête à une heure sans jamais savoir à quelle heure on sortirait. J'étais comme un lion en cage...

En février 2016, à 43 ans, après une réunion très douloureuse et des années de souffrance, j'ai eu envie d'ouvrir la fenêtre et de sauter. Je ne l'ai pas fait, retenue par une collègue, mais j'ai été arrêtée quelques semaines. Je suis revenue, je me suis accrochée à mon job inutilement pensant que je ne pouvais pas perdre mon travail, perdre mon salaire, que j'étais tellement nulle que je ne retrouverais rien nulle part, mais c'est allé trop loin.

En août 2016, un lundi matin, j'ai demandé à mon compagnon de me frapper, pour me casser la jambe ou le bras et que je n'aille pas travailler. En disant ces mots, nous nous sommes tous les deux rendu compte de l'importance du problème. J'ai paniqué. Il ne m'a bien entendu pas frappée. J'ai pris rendez-vous chez mon médecin qui m'a mis en arrêt maladie immédiatement et m'a prescrit un traitement pour m'aider. Je n'y suis plus jamais retournée. En sachant que je n'y retournerais plus, j'ai cru que le pire était passé. Mais ce ne fut pas le cas. J'ai alors entamé une descente aux enfers de deux ans. Plusieurs semaines de clinique psychiatrique, anxiolytiques, antidépresseurs, somnifères, psychiatre, psychologue et psychologue du travail, EMDR, médecine du travail, assistantes sociales, avocat, je passais ma vie à dormir ou à décrire mon état aux professionnels.

Qu'est-ce qui a été le plus difficile pour vous ?

Le regard des autres et mon propre regard sur moi.

On ne voit pas que le pire va arriver. Jusqu'à la dernière seconde, je me suis entendue dire « c'est difficile, mais je suis forte, je vais tenir ». Un jour on tombe et c'est la catastrophe. Avec plus rien pour s'accrocher, la chute est sans fin.

Avant de tomber, j'ai eu des signes physiques, perte de cheveux, bruxisme (je serrais tellement les dents que j'en perdais des bouts), importante prise de poids, insomnies, augmentation de ma consommation d'alcool et de tabac. Je sombrais. Mes supérieurs hiérarchiques me regardaient avec mépris. Mes proches, parfois, avec pitié. Tout se passe si lentement, on ne voit pas tant que ça les changements arriver, mais un matin je me suis réveillée, je ne pouvais plus me lever de mon lit, fixant le plafond pendant de longues minutes. J'avais peur de tout. Les proches disent alors « allez, secoue-toi, ne te laisse pas aller enfin ! », comme si on se regardait trop le nombril ou qu'on était trop fragile, alors que la douleur morale et surtout physique est intense. Le mal ronge la tête et les tripes. C'est un carnage qui ne se voit pas vraiment.

Les autres jugent que c'est du laisser-aller, et c'est horrible à supporter.

Comment avez-vous trouvé les ressources pour faire face à la situation et y mettre fin ?

Les ressources sociales sont venues à moi : la médecine du travail qui m'a dit de me rapprocher de l'hôpital Raymond-Pointcaré de Garches où j'ai été prise en charge, la CRAMIF, les assistantes sociales, mon compagnon, mes enfants, mes proches. L'éloignement en clinique psychiatrique m'a été salutaire, me couper de tout ce qui pouvait m'angoisser et me retrouver avec moi-même.

Il faut trouver ses propres ressources internes. Pour moi, cela a été l'écriture, la sculpture, la méditation.

Comment avez-vous réussi à vous reconstruire et à retrouver une « vie normale » ?

J'analyse mon retour à la vie en trois phases :

- **L'acceptation :** accepter la situation, le burn-out, la dépression, les conséquences physiques ou morales, le fait d'être malade.
- **L'indulgence :** envers soi, pour son état, et envers les autres, pour leur méconnaissance du burn-out et de la dépression.
- **La patience :** tout ne se répare pas en quelques semaines, il faut du temps.

J'ai subi mes souffrances en entreprise pendant cinq bonnes années. J'ai été en dépression sévère pendant deux ans derrière. Aujourd'hui, je ne suis plus en arrêt maladie depuis quinze mois. Je ne prends plus aucun médicament depuis un an. Mais je reste fragile, je le sais, je suis bienveillante envers moi et à l'écoute.

Aujourd'hui, quels conseils donneriez-vous à nos lecteurs pour mieux appréhender ce type de difficultés ?

Je leur dirai tout simplement :
Commencez par vous respecter. Ne laissez personne mal vous parler ou mal vous traiter. Relevez le menton et acceptez d'être la personne la plus importante de votre vie. Il est inutile de préserver un métier pour un salaire et/ou pour être là pour vos enfants. Si un jour vous êtes à bout et que vous ouvrez une fenêtre pour sauter (même si vous n'êtes pas du tout de nature suicidaire, ça peut arriver), votre cadavre ne sera pas utile pour votre salaire ni pour vos enfants. Revoyez vos priorités. Le fait de subir et de ne rien dire vous ronge de l'intérieur. Refusez ces situations extrêmes et pensez à prendre soin de vous.

Si vous souffrez au travail, vous pouvez être victime d'un harceleur ou d'un pervers narcissique, ou d'une organisation harcelante. Mais vous n'êtes pas uniquement une victime, vous êtes aussi responsable de ce que vous acceptez qu'on vous fasse. Ne culpabilisez pas ! Jamais ! Mais voyez que vous pouvez être acteur et dire « NON ».
Restez maître de votre jeu. Ça vaut le coût, le coût de votre vie et de l'harmonie de votre foyer. Quand vous tombez, l'entourage est éclaboussé et les conséquences peuvent être compliquées pour tous.

Merci Anne-Véronique !

Anne-Véronique HERTER

Auteur de *Le Cri du corps. Harcèlement moral au travail : mécanismes, causes et conséquences*, éd. Michalon, 2018.

CONCLUSION

Nous avons abordé au cours de cet ouvrage les mécanismes essentiels pour comprendre ce qu'est une situation conflictuelle et pour faire face à une opposition. Les leviers proposés traitent aussi bien de l'aspect psychologique et émotionnel que de la dimension technique de la résolution des conflits. Nous avons par la suite vu les comportements de base à adopter postincident et le cadre réglementaire en vigueur.

Tous ces éléments vous permettront certainement de traiter les conflits de manière plus sereine. Nous vous proposons de revenir en guise de conclusion sur trois points essentiels :

A. La meilleure technique : c'est celle que l'on applique et qui nous convient. Nous vous avons proposé dans *L'Art de gérer les conflits* une méthodologie de prise en charge des personnes en conflit ou présentant des signes d'agressivités. Le déroulé technique, que ce soit pour la posture, les phases d'analyse, de recadrage et d'orientation vers une solution, fonctionne dans les situations à fortes tensions.

Ces principes ont guidé mes diverses expériences professionnelles et m'ont permis de faire face à des situations difficiles (crises, conflits, agressivité verbale, physique avec ou sans menace d'arme, pour moi et pour autrui...). S'ils ont pu fonctionner dans mon cas, c'est aussi car je les ai travaillés, mis en application, corrigés en fonction de mes atouts et limites...

Ils ont pu fonctionner aussi, car j'ai eu la chance de pouvoir m'exercer avec des partenaires qui étaient dans l'honnêteté du terrain. Ainsi, nos mises en situation et les études de cas étaient éprouvantes, proches du réel, sans ménagement... car la réalité d'une confrontation, qu'elle soit verbale ou physique, est dure, crue, difficile à vivre et les marges d'erreur sont parfois (souvent) minimes.

Ces personnes m'ont permis de comprendre que chaque mot compte, que chaque situation a un enjeu et que mon attitude et ma capacité de résilience pouvaient aider mes collègues, clients, amis, famille dans une situation de crise. Je vous invite à faire de même, à vivre les mêmes choses et à travailler chaque étape que nous vous proposons dans ce livre. Adaptez ces principes en fonction de votre vision des choses, de votre expérience, de vos croyances... Enrichissez et construisez votre propre éventail technique. Travaillez plus en profondeur chaque thématique. Exercez-vous, trompez-vous à l'entraînement, pour que le jour « J » vous puissiez optimiser votre réaction. Je ne pense pas qu'il y ait des techniques magiques pour faire face à ce genre de situation, mais il y a certainement, pour chacun, beaucoup de travail, de volonté, d'abnégation et de qualités humaines.

B. Il y a un temps pour tout. Nous avons traité ici principalement les notions de conflits et d'agressivité verbale. Nous avons volontairement omis les cas de passage à l'acte violent. Ce sujet mérite un ouvrage à lui seul et la littérature est riche (notamment aux éditions Amphora) en la matière. Tâchez juste de retenir que le temps d'échange et de communication est à privilégier, mais que dans certains cas plus critiques, l'usage de la force pour se défendre et riposter doit rester une option. Cette option doit être votre ultime recours et doit, en fonction du cadre réglementaire, être absolument nécessaire et proportionnée à l'atteinte subie. Pour cela, il est impératif de développer son approche technique en la matière et surtout ses capacités physiques et mentales.

C. Restez ouvert. Le filigrane de cet ouvrage est la confiance en soi. Il n'est jamais simple de déborder d'assurance dans une situation de tension et tant mieux. Cela nous oblige tous à nous améliorer et progresser. Si vous êtes trop sûr de vous, c'est certainement que vous avez mal évalué la situation ou que vous êtes dans l'excès de confiance, ce qui peut vous mettre à défaut lors de l'interaction. Il n'y a rien de facile. Restons humbles.

Développer sa confiance en soi et, *ipso facto*, ses capacités, c'est savoir sortir de sa zone de confort, être capable d'affronter le point de vue de l'autre, faire face aux reproches et aux remarques. Ainsi, lorsque l'événement sera apaisé, vous pourrez vous apercevoir que vous vous êtes amélioré, que vous avez grandi humainement, appris de vous, de l'autre. Les ressources sont en vous, il convient de les trouver et de les apprivoiser.

Soyez donc ouvert, curieux, honnête envers vous et les autres. Il n'y a rien de pire que de se perdre dans la logique, le raisonnement, le comportement et/ou le jugement de l'autre. Prenez du plaisir au quotidien. Rappelez-vous qu'à chaque situation difficile il y a un début et une fin. Ce qui doit vous maintenir apaisé dans la difficulté, c'est cette « petite lumière positive » qui vous guide dans les moments sombres et qui vous rappelle le sens de vos actions. Enfin, ayez de l'estime pour vous, pour ce que vous êtes, pour ce que vous faites. Si vous ne croyez pas en vous, qui le fera à votre place ?

Merci pour votre lecture et au plaisir d'échanger.

Olivier

AUTEUR ET CONTACT

Olivier Maillot est spécialisé dans la formation et la gestion des situations difficiles et des crises relationnelles dans le quotidien. Depuis plus de dix ans, il accompagne les organisations de toutes tailles dans la prévention et la résolution des situations à fortes tensions émotionnelles.

Passionné par les comportements humains en situation de crise, il participe, très tôt, à des préparations militaires et s'engage dans la réserve opérationnelle de la Gendarmerie en parallèle de ses études. Il s'oriente par la suite vers l'administration pénitentiaire où il exerce principalement en maison centrale. Ce type d'établissement accueille les personnes détenues les plus difficiles, la plupart du temps condamnées à une longue peine et/ou présentant des risques particulièrement avérés. Le régime de détention est très restrictif et est essentiellement axé sur la sécurité. Cette expérience de terrain lui a permis de se forger la faculté à gérer des situations particulièrement éprouvantes et difficiles. La prise en compte du facteur humain dans les situations d'opposition étant dominante, il lui a semblé dès lors nécessaire de développer une approche pragmatique et empirique des phénomènes de conflit.

Il rejoint par la suite, en qualité de responsable sûreté, la filiale d'une grande entreprise située en zone de sécurité prioritaire. Il a pour mission de développer et mettre en place les processus de prévention de la malveillance et de gestion de crise. Ses missions de terrain, avec ses équipes, lui ont permis de développer une approche singulière, réaliste et concrète de la prise en charge des personnes difficiles dans des univers qui peuvent être dégradés.

Afin de pouvoir accompagner les organisations sur ces sujets, Olivier rejoint un cabinet de conseil en gestion de crise en tant que directeur des missions. Il construit et développe des formations sur la résolution des conflits, la gestion de l'agressivité verbale et physique et la prévention des situations exceptionnelles.

Aujourd'hui, il est directeur associé au sein du cabinet de conseils et de formations BEMMOL GROUP. Il intervient notamment sur :

- La conception et l'animation de formations, de conférences et d'ateliers pratiques sur la résolution des conflits, la gestion de l'agressivité, le management, l'analyse comportementale et la prise en compte du facteur humain en situation dégradée.
- La réalisation de missions d'accompagnement sur la prévention de la malveillance.
- La résolution des situations conflictuelles dans les organisations.

Pour contacter Olivier :

- Linkedin : @oliviermaillot
- Instagram : @faceauconflit
- M : bonjour@bemmol-group.com
- W : bemmol-group.com

BIBLIOGRAPHIE

Solomon ASCH,
Social psychology, Oxford University Press, 1952.

Nicolas BOOTHMAN,
Convaincre en moins de 2 minutes, Marabout, 2013.

Denis DOUCET,
Le principe du petit pingouin. Apprenez à lâcher prise, Marabout, 2016.

Leon FESTINGER,
Une théorie de la dissonance cognitive, Enrick B. Éditions, 2017.

Daniel GOLEMAN,
L'intelligence émotionnelle, J'ai lu, 2003.

Anne GUIBERT, Marie-Laure CUZACQ,
Le grand livre de la manipulation, Éditions ESI, 2013.

Jean Luc GUINOT,
Anthropologie du combat : le combat défensif de survie, BOD, 2010.

Edward T. HALL,
La dimension cachée, Seuil, 1978.

Anne-Véronique HERTER,
Le Cri du corps. Harcèlement moral au travail : mécanismes, causes et conséquences, éd. Michalon, 2018.

Michael ILLOUZ,
Riposter abrégé de self-défense, Amphora, 2017.

Christophe JACQUEMART,
Neurocombat Livre I, Psychologie de la violence de rue et du combat rapproché, Fusion froide, 2012.

Robert-Vincent JOULE, Jean-Léon BEAUVOIS,
Petit traité de manipulation à l'usage des honnêtes gens, Presses universitaires de Grenoble, 1987.

Stephen KARPMAN,
« Fairy Tales and Script Drama Analysis », 1968.

Charles Adolphus KIESLER,
The Psychology of Commitment, Academic Press, 1971.

Konrad LORENZ,
L'agression : une histoire naturelle du mal, Flammarion, 1977.

Robert K. MERTON,
Éléments de théorie et de méthode sociologique, Armand Colin, 1997.

Marwan MERY,
Manuel de négociation complexe : menaces, mensonges, insultes... méthodes et techniques pour faire face à toute situation, Eyrolles, 2013.

Joseph MESSINGER,
Ces gestes qui vous manipulent, ces mots qui vous influencent, Pocket Evolution, 2007.

Joseph MESSINGER,
Ces gestes qui vous trahissent, J'ai lu, 2011.

André MIDOL,
Crises, Agressions, Conflits, guide des comportements, CNPP-AFNOR, 1998.

Raymond R. MITSCH et Lynn BROOKSIDE,
Grieving the Loss of Someone You Love: Daily Meditations to Help You Through the Grieving Process, Regal. 1993.

Guillaume MOREL, Frédéric BOUAMMACHE,
Protegor, Guide pratique de sécurité personnelle, self-défense & survie urbaine, Amphora, 2008.

Frédéric PEUCHERET,
Le petit livre noir de la manipulation, Lulu éditions, 2012.

Frédéric PEUCHERET,
Conduite comportementale d'entretiens, évaluer les témoignages, détecter le mensonge et révéler la vérité, Lulu éditions, 2013.

Romilla READY, Kate BURTON,
La PNL, Programmation Neuro-Linguistique, pour les nuls, First éditions, 2008.

Marshall B. ROSENBERG, Shari KLEIN, Neill GIBSON,
Nous arriverons à nous entendre ! suivi de *Qu'est-ce qui vous met en colère ?*, Jouvence, 2005.

Marshall B. ROSENBERG, Gabriele SEILS,
Dénouer les conflits par la Communication NonViolente, Jouvence, 2006.

Don Miguel RUIZ,
Les Quatre Accords toltèques, la voie de la liberté personnelle, Jouvence, coll. « Poches », 2005.

Hans SELYE,
Le Stress de la vie. Le problème de l'adaptation, Gallimard, 1975.

Sun TZU, *L'art de la guerre.*

Jean-Pierre VEYRAT,
Aperçus du langage corporel, Éditions Negorisk, 2001.

Jean-Pierre VEYRAT,
T.I.N.A. Un modèle de négociation en situation conflictuelle, Éditions Negorisk, 2018 (2e édition).

Jean-Pierre VEYRAT,
Atlas psychologique du visage, Editions Negorisk, 2012.